智慧图书馆建设与应用实践

白晓燕 / 著

吉林人民出版社

图书在版编目（CIP）数据

智慧图书馆建设与应用实践 / 白晓燕著 . -- 长春：吉林人民出版社 , 2022.8

ISBN 978-7-206-19491-7

Ⅰ.①智… Ⅱ.①白… Ⅲ.①数字图书馆 – 图书馆工作 – 研究 Ⅳ.① G250.76

中国版本图书馆 CIP 数据核字（2022）第 196514 号

责任编辑：丁　昊
封面设计：马静静

智慧图书馆建设与应用实践
ZHIHUI TUSHUGUAN JIANSHE YU YINGYONG SHIJIAN

著　　者：白晓燕
吉林人民出版社出版　发行（长春市人民大街 7548 号　邮政编码：130022）
咨询电话：0431-85378033
印　　刷：北京亚吉飞数码科技有限公司
开　　本：710mm×1000mm　1/16
印　　张：11.75　　　　　字　　数：210 千字
标准书号：ISBN 978-7-206-19491-7
版　　次：2023 年 4 月第 1 版　印　　次：2023 年 4 月第 1 次印刷
定　　价：58.00 元

如发现印装质量问题，影响阅读，请与出版社联系调换。

前　言

在图书馆发展的历史长河中，图书馆借助不断发展的科学技术，抓住机遇，迎接挑战，在满足不断增长的读者需求的进程中，实现了可持续的跨越式发展。物联网、云计算、大数据、人工智能、区块链等新兴信息技术的快速发展带来了智慧城市、智慧校园、智慧博物馆等的发展，同时也为图书馆的转型带来了新的机遇。

智慧图书馆以物联网和云计算等高新技术为支撑，运用智能设备，实现"书与书、书与人、人与人"的动态连接，让用户体验全新的智慧化服务。目前国内外图书馆建设正努力向智慧图书馆发展。在不断更新迭代的技术的推动下，未来图书馆发展将会变得更加智慧化、网络化和数字化。智慧图书馆已经成为智慧城市建设的重要一环，也是未来不可逆的发展方向，国内外已掀起对智慧图书馆研究与建设的浪潮。

我国有不少图书馆已经或正在着手进行智慧图书馆建设，涉及资源、管理、技术、人员、服务等多个层面，相关方面的研究文献也很多，但国内有关智慧图书馆的专著却较少。随着技术的发展，国内会有越来越多的图书馆步入智慧图书馆的行列。因此，笔者认为有必要撰写一部专著，期望能对我国智慧图书馆建设起到一定的借鉴作用，这也是笔者撰写本书的出发点。

本书涵盖的内容很多，主要包括智慧图书馆概述、智慧图书馆建设基本要素、智慧图书馆资源建设、智慧图书馆技术支持、智慧图书馆的服务、智慧图书馆服务平台构建等，希望能为国内图书馆相关从业者及科研人员提供一定的帮助。

纵观本书,具有下列特征:第一,内容翔实,书中对智慧图书馆的研究进行了详细、严谨的论述;第二,理论深入浅出,语言通俗,结构布局合理。

本书在写作过程中,得到了学校领导、同事以及同行的大力支持,他们为本书提供了非常有价值的修改意见,在此表示衷心的感谢!同时也参考借鉴了一些国内外学者的研究成果,在这里对他们表示感谢,书中所引用的部分未能一一注明的,敬请谅解。此外,感谢出版社的编辑,他们认真高效地修改了本书存在的一些疏漏,对本书的完善起到了重要的推动作用。

受水平所限,笔者在某些领域可能考虑不充分,书中难免出现不足之处,敬请专家及读者给予批评指正。

白晓燕

2022 年 7 月

目 录

第一章 智慧图书馆概述 ………………………………………… 1
 第一节 图书馆的根本宗旨 ………………………………… 2
 第二节 从网络图书馆、虚拟图书馆、数字图书馆到智慧图书馆 … 4
 第三节 智慧图书馆定义及特征 …………………………… 16

第二章 智慧图书馆建设基本要素 ……………………………… 29
 第一节 智慧图书馆建设 …………………………………… 30
 第二节 智慧图书馆建设考虑的因素 ……………………… 33
 第三节 高校智慧图书馆的建设目标和原则 ……………… 37
 第四节 高校智慧图书馆的框架设计 ……………………… 45

第三章 智慧图书馆资源建设 …………………………………… 59
 第一节 智慧图书馆中的信息资源 ………………………… 60
 第二节 智慧图书馆的资源建设策略 ……………………… 71

第四章 智慧图书馆技术支持 …………………………………… 77
 第一节 物联网技术及其在图书馆的应用 ………………… 78
 第二节 云计算技术及其在图书馆的应用 ………………… 100
 第三节 大数据技术及其在图书馆的应用 ………………… 113
 第四节 人工智能及其在图书馆的应用 …………………… 120

第五章 智慧图书馆的服务 ……………………………………… 123
 第一节 图书馆智慧服务 …………………………………… 124
 第二节 智慧化的基础服务 ………………………………… 133

第三节　智慧化的学科服务……………………………………… 139
　　第四节　智慧化的信息服务……………………………………… 144

第六章　智慧图书馆服务平台构建…………………………………… 155
　　第一节　智慧服务平台…………………………………………… 156
　　第二节　不同类型的智慧服务平台架构………………………… 161

参考文献………………………………………………………………… 178

第一章 智慧图书馆概述

智慧图书馆的建设一般要考虑人、技术、资源、空间、管理和服务等因素。本书着重从技术的角度对智慧图书馆进行探讨。为了理解智慧图书馆的技术架构，找到智慧图书馆建设的思路，本章从图书馆的根本宗旨出发，认为图书馆最根本的宗旨是为读者进行服务；在此基础上，探讨了智慧图书馆的概念，指出"智能说"是目前尤其需要强调的观点，对智慧图书馆的概念进行了再认识，同时对数字图书馆和智慧图书馆进行了对比分析；然后对目前智慧图书馆的功能架构或顶层设计进行了分析和比较，指出需要完善的不足之处。

第一节　图书馆的根本宗旨

图书馆作为一种社会机构,依赖社会赋予它的条件,为人类文明和社会进步做出了重大贡献,故而被誉为"人类灵魂的宝库"。纵观各个时期,凡在某个学科领域做出特殊贡献的人,无不都是充分利用图书馆博览群书。图书馆在传承文化、开发信息资源以及社会教育等方面都担负着重要职责。

人类的图书馆史几乎跟人类的文明史一样悠长。据考证,最早的图书馆至今已经有几千年的历史。人们区分古代图书馆、近代图书馆与现代图书馆的最主要的标准并非是文献的载体形式和信息内容,也不是信息技术和管理模式,而是图书馆的办馆理念与办馆宗旨。

"宗旨"一词的解释多指主要的目的和意图。这是现在最常用的一个目的,图书馆的办馆宗旨就是图书馆工作的主要思想和意图。

关于现代图书馆的根本宗旨,在此列举一些学者的观点:

1. 在各类图书馆中,读者工作是直接面对读者的第一线工作,是图书馆工作的前哨。"读者第一、服务至上",一切为了读者,千方百计满足读者的需求,这是为读者服务的关键所在。

2. 一切为了读者,是图书馆工作的根本宗旨,是图书馆一切工作的出发点和归宿。

3. 读者工作做得怎样,是衡量一个图书馆办得好坏和办馆水平高低的重要标志。

4. 为读者服务是图书馆工作永恒的宗旨。

5. 搞好读者服务工作是图书馆工作的灵魂与宗旨。

6. 图书馆应坚持"以人为本"这个宗旨,把满足读者需求和优质服务作为立足点和归宿点。

一些高校图书馆在馆简介或馆长寄语中也提出为读者服务的观点,比如:北京大学图书馆的"用户导向、服务至上",清华大学图书馆的"读者为中心、服务为主导",南开大学图书馆的"服务师生为宗旨"等。有

第一章　智慧图书馆概述

学者认为高校的图书馆只有贴近教学、科研和读者,图书馆的服务才有针对性;它必须立足高起点,立足社会效益,才能在为读者服务的过程中,实现自己的价值,获得长久生存的主动权。

总之,图书馆的宗旨离不开服务,无论是高校图书馆还是社会图书馆,其最基本的宗旨就是:为读者服务。

对图书馆来说,其对读者的服务是没有止境的,为读者提供服务是图书馆的一项长期的任务。尤其在信息化时代的今天,为使图书馆的服务跟上时代的步伐,需要图书馆人在实践中不断总结经验,发现问题,不断提高服务手段,完善服务内容。图书馆工作的核心规范应该是服务,也就是说图书馆制定各种工作规范都应该以服务为核心,即全员服务读者。并围绕这一核心服务对象,建立一整套服务制度,要始终贯彻"读者第一,服务至上"这一宗旨,并在读者服务的深度、广度上,不断开放改革、创新拓展服务新领域。要热爱读者,尊重读者,对读者一视同仁。除此之外,图书馆馆员还要做到以读者的需要为己任,尽最大努力满足读者的需求。

但在实际场景中,有些读者也会体验到图书馆的服务有好坏之分,"人难看,事难办"是服务,"读者第一,服务至上"也是服务。图书馆的大多数馆员主观上都希望提供好的服务,都希望做到"读者第一,服务至上"。在付出饱满的热情和辛勤的劳动以后,肯定会在一定程度上获得读者的认可。但有时也不尽如人意,比如有时馆员自己想提供的、可以提供的服务未必是读者需要的;读者自己需要的,未必能快速、有效地在图书馆找到。这时图书馆的建设只有赶上信息化时代的潮流,广泛运用现代科学技术,通过电子化、网络化、数字化、智能化的成果,为广大师生提供高水平的服务,满足读者的迫切需求。

从某种意义上来说,图书馆已经经历了办公的网络化、资源的数字化、管理的信息化过程,而目前进入了智慧化的阶段。这里所说的网络化主要是指图书馆有了局域网、互联网等网络条件;数字化主要是指资源的数字化并建立了各种数据库系统;信息化是指图书馆建立各种信息系统,包括办公、业务、电子资源库、知识库等系统。而目前进入的智慧化时代,是图书馆发展史的必然选择,是在过去发展成就基础上的再一次蜕变和升华,智慧图书馆的建成可为读者提供更加优质的服务。

第二节 从网络图书馆、虚拟图书馆、数字图书馆到智慧图书馆

随着计算机的发明，人类逐渐由工业社会进入信息社会。特别是20世纪90年代互联网的产生及其飞速发展，将人类社会由工业文明发展为信息文明。在图书馆界，一些领航者开始进行大胆探索，尝试将计算机技术、网络通信技术等现代信息技术在图书馆中应用，图书馆开始由传统的工作机制和工作模式转变为网络化、自动化、信息化的工作模式。计算机在图书馆中逐渐被广泛应用，卡片式检索被计算机检索、联机检索、网络检索取代，纸本资源如图书和期刊的地位逐渐被网络数据库和数字文献所取代。在此期间，网络图书馆、虚拟图书馆、数字图书馆开始出现和普及，并成为现代化图书馆的代名词。

网络图书馆、虚拟图书馆、数字图书馆三者之间既有联系又有区别，为了对它们进行彻底的研究和辨析，我们需要了解它们的概念、内涵等。

一、网络图书馆

20世纪90年代以后，图书馆的外部环境和内部需求都发生了极大的变化。先进的计算机技术、多媒体技术、数字化技术和通信技术日益发展，数据库的简历，文献数字化的发展带来更多网络化连接的机会，自由灵活的信息使用代替了以往的固定完整的信息收藏等。在这种背景下，网络图书馆作为网络环境下资源的一种新的组织形式，作为图书馆界的一种新型合作模式应运而生，网络图书馆也成为国内外众多专家学者研究的对象。

对于网络图书馆的认识，学术界存在较大争议，可谓仁者见仁，智者见智，主要流行的观点有以下几个。

（一）网络图书馆是电子图书馆

这种观点认为网络图书馆是虚拟图书馆、电子图书馆、数字图书馆等概念的统称，认为网络图书馆就是利用计算机技术、网络通信技术将数字化的信息进行加工整理和贮存，并依托网络进行传播的一种信息服务机构。与传统图书馆相比，网络图书馆侧重对数字化、网络化的信息的处理和传播，其工作内容和工作方式均与传统图书馆有很大不同。并且，网络图书馆与传统图书馆相比，更容易实现对信息的共享，打破了传统图书馆较为僵化的信息获取模式，因此，又被称为"无墙图书馆"。

（二）网络图书馆其实是图书馆的计算机管理系统

该观点认为网络图书馆并不是图书馆的一个种类，而是由于现实的需要，由图书馆开发的一套为实现信息资源共享和有效传播的网络化管理系统。它在一定程度上拓展了图书馆的功能，并且使图书馆的管理手段和服务方式发生了变革。通过网络图书馆，可以实现网络采购、网上编目、在线借阅、馆际互借和参考咨询等，丰富了图书馆的服务内容和服务手段。

（三）网络图书馆是跨地区、跨系统的图书馆联盟

这种观点认为网络图书馆产生和发展的最终目的是为了实现信息资源共享，网络图书馆的本质就是图书馆联盟，是图书馆联盟在网络环境下的组织形式。网络图书馆是基于图书馆联盟合作的深入发展，在自愿和互惠互利的基础上建立起来的图书馆联盟。

网络图书馆是指一定范围内若干图书馆以计算机技术、数字化技术、网络技术为基础共同合作组建的，可供用户异地获取图书馆馆藏资源与服务信息资源的网络系统。

二、虚拟图书馆

虚拟图书馆中"虚拟"一词源于计算机技术，是指用计算机来虚拟现实世界中的客观事物和环境、所造出和现实事物极其相似的镜像。计算机技术、网络技术的发展使图书馆利用信息技术在网络上开展工作和服务成为可能，而网络上的图书馆是现实中的图书馆在网络上的镜像，

因此,虚拟图书馆也就是图书馆在网络中的镜像。通过网络实现与跨地区、跨系统甚至跨国的图书馆连为一体,而其他图书馆的馆藏资源也成了虚拟图书馆的虚拟馆藏资源,它依托本馆馆藏资源和其他馆馆藏资源为用户提供服务。

通过因特网系统组织网上信息、数据库、索引目录等,存放于服务的网页,供浏览检索,它可以把全球的信息资源放置在自己的服务平台上,包括声音、图像和视频等,电子书刊存储于数字数据库,并能在网络上获取。由于网上信息的动态性,应及时更新和维护才能获取信息。有学者这样简要而又精辟地描述虚拟图书馆的特征:收藏数字化、操作计算机化、传递网络化、信息资源存取自由化、信息资源共享化、结构连接化。

三、数字图书馆

数字图书馆起源于美国。1994年9月,美国国家科学基金会正式公布了一项投入2440万美元的"数字图书馆创新工程"。1995年初,美国IBM公司又发起了全球数字图书馆研究的倡议,并成立了数字图书馆学会,"数字图书馆"一词广泛流传开来。自美国开始研究数字图书馆之后,英国、法国、日本等许多国家开始对数字图书馆项目进行规划和建设。如英国图书馆电子化贝奥伍夫项目的创建,日本国会图书馆实施的"关西图书馆工程"等,均是对数字图书馆的研究和尝试。

(一)我国数字图书馆的建设

我国的数字图书馆建设,从时间上看,略微落后于美、英等发达国家。20世纪70年代,北京图书馆率先从美国国会图书馆引进MARC书目记录,开始了我国图书馆计算机网络化管理的研究与推广工作。但直到20世纪80年代中后期,我国图书馆才全面开始图书馆计算机网络化集成管理系统建设。到20世纪90年代中期,国内一些高校图书馆和规模较大的市级以上的图书馆才真正实现计算机网络化管理。在此之前,各图书馆除了书目数据库和少量的二次文献数据库(如中情所重庆分所的科技文献篇名数据库等)外,图书馆基本没有全文的数据库资源。可以说,图书馆馆藏基本上是大同小异的印刷型馆藏,或以印刷型文献为主的实体馆藏。到20世纪90年代中后期,电子期刊等全文数据库才开

第一章 智慧图书馆概述

始在国内图书馆推广使用。典型的代表就是清华大学电子期刊杂志社的"中国学术期刊(光盘版)"。清华大学的电子期刊全文数据库(CNKI)1996年开始在全国各类图书馆中推广使用。到2000年,在全国1000多家高校图书馆和2000多家公共图书馆以及数千家的科研图书馆中,拥有全文电子期刊数据库的用户也仅有400多家,其数量仅占全国图书馆总数的10%。但高校图书馆中所占比例更高一些。

中文电子图书、学位论文和会议论文等数据库资源,大约是2000年之后才开始推广使用的。与此同时,国外的一些重要数据库被引入国内,使得馆藏数字资源的类型和语种都日益丰富。

与数字资源建设同步发展的是计算机网络建设。20世纪90年代,随着因特网的日新月异的发展,图书馆计算机网络化速度也开始快马加鞭。计算机网络的建设促进了馆藏数字资源的发展,又推动了图书馆数字化的进程。

随着图书馆馆藏数字资源与日俱增,用户获取信息的方式、手段、习惯和方法,对信息需求的数量和质量都开始发生变化。一些用户,特别是朝气蓬勃的年轻一族,以及信息素质较高的用户群体,更多地期望通过计算机网络来获取自己所需要的信息。网络的发展,用户需求的增长,促使图书馆更加关注数字资源的建设。同时,图书馆馆藏中数字资源的增加,相应的网络信息服务的种类和数量也越来越多,进一步地促进了用户获取信息方式的变化。这种相互促进、螺旋式发展,加速了图书馆对数字资源的建设。

与图书馆数字资源建设息息相关的是数字图书馆、数字馆藏等的理论研究。在我国将数字馆藏作为图书馆学的一个独立的研究对象,大约是从20世纪90年代中后期开始的。这一时期,理论研究也十分活跃。相关期刊、会议等文献中也出现了大量关于数字图书馆和数字资源建设、服务和管理的相关成果,每年都有上百篇的文献资料。这些理论研究成果,指导了图书馆数字化建设的发展,其中最突出的标志就是各地、各系统关于"数字图书馆理论与应用研究"的学术研讨此起彼伏。通过研讨,许多馆员恍然大悟,图书馆不再是一成不变的藏书楼。馆藏文献信息资源载体形式发生了重要的变化,出现了数字资源,一改馆藏实体资源一统天下的局面。

（二）数字图书馆概念的相关叙述

随着信息技术的快速发展，人们对数字图书馆有了更为深入和广泛的认识与理解，并且由于出发点和落脚点的差异，对数字图书馆的定义形成了许多不同说法，可以说是仁者见仁，智者见智。这里我们并不试图整合这些定义或明确支持其中的某一观点，而是摘录其中部分较有代表性的定义作为参考。

国际图书馆协会联合会关于数字图书馆的定义是：数字图书馆是高质量数字化馆藏的在线汇集，依据国际普遍接受的馆藏发展原则制作、收藏和管理，以协调统一和可持续的方式开放馆藏，并辅以必要的服务，使读者能够借阅和使用其资源。

美国数字图书馆联盟的定义是：数字图书馆是一个拥有专业人员等相关资源的组织，该组织对数字式资源进行挑选、组织、提供智能化存取、翻译、传播、保持其完整性和永存性等工作，从而使得这些数字式资源能够快速且经济的被特定的用户或群体所利用。

（三）数字图书馆概念的理解

由于描述者角度、观点和方法的差异，上述数字图书馆的概念和定义也各有不同。有的倾向于将数字图书馆看作一个宏观的信息聚合和服务体，如 PITAC 的报告；有的倾向于将其看作一个具体的功能实体，如 IFLA 的定义；而有的则更加明确地将其界定为现有服务体的延伸，如国家图书馆关于数字图书馆的定义。

但是无论哪种描述，都明确地显示出数字图书馆绝不仅仅是传统图书馆的数字化，而是在新的时代、新的背景下，全新、信息化、数字化、网络化的知识管理和服务体系。不过，这种理念性的说明在现实中还是会遇到一些问题。

首先，现代的图书馆工程建设中往往包含了大量的信息化建设工作，因此在建设方案中往往将图书馆建设与数字图书馆建设并提，最典型的就是国家图书馆二期工程和数字图书馆工程的建设。这就使得普通读者时常难以区分两者的关系与差别，因而常常认为数字图书馆是图书馆的一个功能组成，或者干脆将图书馆建筑信息化和业务流程的自动化看作数字图书馆。

其次，由图书馆建设的数字图书馆工程往往既包括馆内环境建设，又包括数字资源服务,还包括馆内传统业务信息化改造等工作;而由网络信息服务商建设的数字图书馆项目通常只有数字资源服务,而不存在场地和场馆信息化问题。即使都是数字资源服务,图书馆自主建设的数字图书馆和网络信息服务商提供的数字资源服务在服务内容、方式上也往往存在相当的差异。而这些都很难直接利用上述的数字图书馆的定义来区分。

数字图书馆的建设和发展本身就是一个循序渐进、逐步实现的过程,对于它的理解和认识也必然是一个逐步变化和完善的过程,并与当时社会的经济环境、技术条件和人类认识水平直接相关。因此,在这个过程中就会出现一些阶段性的相关定义,如自动化图书馆、数字化图书馆以及最新的云图书馆等。

(四)数字图书馆的类型

部分数字图书馆的研究者是从技术和数字存储空间的角度来对其进行定义,这种观点认为数字图书馆应该更突出"库"的概念,即数字图书馆是一个数字化的信息资源库,它是为国家信息基础设施建设提供关键性的信息管理技术,同时提供主要的信息源和资源库的数字化仓储空间。

关于数字图书馆的类型,加利福尼亚大学信息管理和信息系统学校将数字图书馆分为4个类型。

1. 数字图书馆

数字图书馆,包括多种媒体介质的数字化馆藏,它由图书馆员来组织管理。数字化馆藏包括印本资源的数字化和各类型数据库。

2. 新生的纯数字图书馆

这种类型的数字图书馆从建立之初便以数字形式创造和存储各类文献。

3. 数据图书馆

数据图书馆不但存储图书馆活动本身产生的各类数据,即用户、图书馆员和图书馆专业设备所产生的数据,也存储图书馆外部产生的数据,如各类传感器、气象卫星、智能化设备、经济活动、科学研究等所产生的数据。

4. 数据通信图书馆

这种类型的图书馆包括一组数字通信的电子文件,如环球网、电子邮件和用户组,还包括数字电视、网络视频、数字电话和数字广播等。

(五)数字图书馆的作用

信息技术、通信技术、网络技术等发展推动了数字图书馆建设的迅速发展,数字图书馆建设对一个组织、一个国家,甚至全世界影响重大。其作用具体可以概括为以下几点。

1. 数字图书馆是一个数字资源中心

传统图书馆向数字图书馆转化过程中,积累了大量的资源,为了能更好地保存资源,利用资源,资源的数字化是一种有效手段。经过十多年的发展变化,日积月累,数字图书馆拥有了海量的数字资源,此类资源包括卫星、遥感、地理、地质、测绘、气象、海洋等科学技术数据和人口、经济统计数据等。数字图书馆的建设首先是数字资源中心的建设。数字图书馆的资源主要来源于早期的纸质资源数字化。近几年,随着网络技术的发展,电子出版物日益成为数字图书馆数字资源的主要来源。目前,互联网也是数字图书馆数字资源一个庞大的来源地,通过对网络资源的加工整理,有越来越多的资源可供数字图书馆使用。

数字图书馆首先是资源的数字化,只有充足的数字化资源,才能通过网络为广大用户提供优质的信息服务与知识服务。

2. 数字图书馆是一个教育平台

在现代社会工作生活环境下,人们需要进行终身学习。网络化数字环境下,数字图书馆成为业余教育中心、在职教育中心,甚至趣味教育中心。人们在这里可以开展各种有益的学习与沟通,进行文化的、休闲的、娱乐的学习,能丰富人们的生活,促进人们素养的提高,为整个人类发展做出贡献。

3. 数字图书馆是传承文化的平台

图书馆承担着保存和传承人类文明的重要职责。在人类社会数千年的历史发展进程中,图书馆随着社会的发展而发展。我国已形成相对完善的公共图书馆服务体系,为提升全民族素质、推动社会文明进步做出了重要贡献。

数字图书馆也是传承文化的平台,通过数字图书馆,各种文化得以延伸,人们通过网络,就可以更方便地了解和学习各国文化历史;它也为各民族、各国家文化的继承与发扬提供便捷的工具平台。这里所指的文化平台主要包括图书馆、博物馆、档案馆、大学、政府部门提供的各种文化资源。人们通过此平台可以便捷地获取有关历史文化知识,加深民族认同感。通过该平台可以向世界展示各自的经济文化等方面的发展水平,为人类的文明进步和发展做出应有的贡献。

(六)数字图书馆的优点与不足

数字图书馆是一项新兴的科学技术,是传统图书馆在信息时代发展的产物,数字图书馆拥有海量的包含多种媒体内容的数字化信息资源,能够同时为众多用户提供全方位、低延时、高水平的信息访问服务。数字图书馆的资源组织模式与传统图书馆的资源组织模式类似,但在信息检索和传递方式上却又与传统图书馆截然不同。数字图书馆借助计算机网络通信技术,运用知识分类和精准检索技术,大大提高了信息检索和传输的效率,使人们获取信息不再受时间和空间限制。数字图书馆还融合了其他信息资源(如博物馆、档案馆等)的一些功能,可以向用户提供综合的公共信息访问服务。

数字图书馆相对于传统图书馆的优势主要体现在文献存储、检索方式、信息传递速度和资源共享等几个方面。

从文献存储上看,数字图书馆的馆藏主体和馆藏容量都要比传统图书馆具有明显的优势。纸质文献和实物文献是传统图书馆的馆藏主体,相比之下数字图书馆的馆藏主体主要是数字化的电子文献,信息格式多样(如磁盘、光盘、磁带等),信息类型丰富(如书目信息、全文信息、图像、音频、视频等),比传统的馆藏文献要进步许多。传统图书馆保存的纸质文献和实物文献需要占用大量的物理空间,相比较而言,数字图书馆存储的数字化电子文献存储在高密度存储设备中,设备所占的物理空间与传统纸质文献和实物文献所需空间相比几乎可以忽略不计。因此数字图书馆在馆藏容量上基本可以说是不受物理空间限制的,只要有足够多的存储空间和足够的经费,馆藏数量将是无限的。

从检索方式上看,数字图书馆具有传统图书馆无法比拟的优势。在传统图书馆检索书籍,读者需要在众多的卡片前花费大量时间,而且需要一定的专业知识,还很难保证查全率和查准率,往往使借阅者感到不便而放弃借阅。数字图书馆,借助先进的计算机技术,通过知识分类和精准检索技术,可以方便地让读者找到自己想要的文献资料,不但速度快捷,而且准确全面,大大提高了检索效率。

从信息的传递速度上看,数字图书馆比传统图书馆也具有明显的优势。传统图书馆空间位置固定,读者一般只能到现场借阅图书。不但来回的路程就要花费大量的时间,即使到了图书馆还要先查找自己想要的图书,再到服务台办理借阅手续,整个流程费时费力。而数字图书馆利用局域网或互联网可以高速地传递信息。读者只要登录网站,通过授权认证,就可以快速检索、查看、下载自己想要的信息,真正做到足不出户即可饱览群书。

从资源共享角度上看,数字图书馆相比传统图书馆具有先天优势。传统图书馆馆藏的纸质文献的数量直接限制了同一时刻文献可供借阅的读者数量。而数字图书馆馆藏的电子文献可以无限制地复制,只要服务器性能和网络带宽满足要求,将不存在访问人数上的限制。因此,数字图书馆可以实现馆藏资源的全时空共享。

虽然数字图书馆在文献存储、检索方式、信息传递速度和资源共享等方面具有传统图书馆无法比拟的优势,但是作为新生事物,数字图书馆也面临着诸多问题,主要表现在低水平的重复建设,侵权事件层出不穷,建设资金短缺,高素质馆员匮乏等方面。

首先,数字图书馆的概念尽管已经提出近三十年时间,并且许多的高科技公司和众多的知名高校图书馆不断投身于数字图书馆的建设行列,但由于没有统一的数字图书馆标准,各国的相关法律法规都还不完善,致使数字图书馆的开发者、使用者和监管者之间缺乏统一的标准、规划与协调,不同厂商的数字图书馆产品在用户检索界面、检索语言和管理系统等方面都存在较大差异,且互不兼容。

同时,由于缺乏对数字图书馆的深刻认识,不少高校图书馆机械地认为数字图书馆就是纸质文献的数字化,从而片面地追求数字化资源的量,忽视自身馆藏的特点和学校教学的实际需求,导致盲目建设、重复建设、重复投资等现象频发,最终导致大量的财力、人力、物力资源浪费在低水平的重复建设上。

其次，数字图书馆虽然在文献共享方面相对于传统图书馆具有先天性优势，但数字化作品的知识产权保护问题比传统纸质文献也更为复杂和突出，这给知识产权保护工作带来了严峻的挑战。根据法律规定，数字图书馆中的文献作品必须取得作品权利人的授权，但是数字图书馆中的文献资源数量非常庞大，动辄几十万甚至成百上千万的图书资源要逐一取得每一位文献作品权利人的授权，这几乎是不可能完成的任务。同时由于计算机技术、自动化技术和网络技术的开放性特点，使得在数字图书馆中对文献资源进行复制、下载、传播等操作变得更加容易，这也导致在数字图书馆领域的版权侵权事件层出不穷。

再次，数字图书馆的运行需要完善的网络基础设施、高性能的服务器和存储设备以及高效友好的管理平台和丰富的数字资源作为支撑。网络建设和服务器、存储设备、平台软件、图书资源等软硬件购置都需要大量的资金，而且电子设备和平台软件的更新换代频繁。因此，数字图书馆建设既是一个长期的、庞大的系统工程，也是一个"烧钱"的工作，没有充足资金支持的数字图书馆建设简直就是天方夜谭。

最重要的是，数字图书馆的工作机制与传统图书馆相比发生的本质变化，数字图书馆的运行高度依赖计算机技术、网络技术和移动技术等新技术。对专业馆员来讲，不但要掌握图书馆学科的专业知识和技能，还需要不断学习和掌握与数字图书馆相关的计算机、网络、数据检索等新技术。但目前，我国高校图书馆员队伍的整体现状是专业知识不足、专业技能欠缺，普遍不满足数字图书馆发展的需要；而且对于现存的大量年龄稍长和非专业的馆员来讲，通过提升自身知识水平和技术能力来满足数字图书馆发展要求的难度不言而喻。

（七）数字图书馆面临的挑战

破坏性技术泛指那些有助于创造新价值、开辟新市场，而且逐步或者迅速地颠覆原有的市场格局、取代原有技术的新技术。从21世纪开始，以信息技术、自动化技术、智能技术等为代表的高新技术的飞速发展对原有的社会经济结构和模式造成了"颠覆性影响"。在世界范围内，大部分的产业发生了深刻变革，这既对传统的产业造成了危机，又带来了一定的机遇。作为传统的信息服务机构的图书馆，也在一定程度上受到了破坏性技术的冲击，如图书馆查询信息的功能被搜索引擎冲击，图书馆的馆藏图书和期刊被存储电子化、数字化文献和信息资源的数据库所影响,参考咨询服务被社交网站、百科类网站和问答式的网站所冲击等。表1-1是在维基百科有关资料基础上整理的一个破坏性技术与传统技术对照表。

表1-1 破坏性技术与传统技术对照表

传统技术	破坏性技术
电报	固定电话
固定电话	移动电话
胶卷相机	数码相机
IBM 主机	个人计算机
存储软盘	闪存装置
传统报纸	网络门户

数字图书馆面临着来自多方面的挑战,这里的多方面,既包括来自技术的挑战,也包括来自外部相关机构的挑战。如目前学术数字资源建设商发展迅猛,中国知网资源建设已由中国期刊论文逐步拓展到国内外期刊论文、会议论文、学位论文、重要报纸文章、专利、标准等,在图书资源方面,也收录大量图书,不仅提供年鉴、工具书的查询服务,最近还建立了教辅平台。另外,该数字图书馆还收藏了近20万集的学术视频,这些收藏对我国传统数字图书馆形成了很大的冲击。此外,很多搜索引擎均设置了学术搜索,开始涉足学术出版领域,这些都在不同程度上对数字图书馆产生影响。

在技术方面,大数据技术、云计算技术、语义技术、数据挖掘技术、RFID技术、跨平台检索技术等,都对数字图书馆造成了一定的冲击,用户的需求随着新技术的发展而不断提高,人们不再满足于以前的信息获取模式,泛在化的、个性化的、智能化的信息服务被越来越多的用户所青睐,并逐渐成为评价图书馆服务好坏的一个重要标准。当然,信息技术在给数字图书馆带来了挑战的同时,也给它带来了发展机遇,数字图书馆可以应用这些技术到工作中去、到服务中去。数字图书馆所遇到的问题和其所获得的机遇,也就预示着数字图书馆的整体结构和工作、服务模式必然要有所变革,这就为智慧图书馆的产生和发展提供了前提条件。

四、智慧图书馆的提出

1995年,比尔·盖茨在《未来之路》一书中率先提出了物物相联的雏形。1999年,物联网的概念被正式提出并迅速波及全球。而以物物相联的智能技术为信息基础的智慧城市(Smart City)则是20世纪末特别是21世纪初以来在全球展开的未来城市发展的新理念和新实践。

随着物联网技术的发展,特别是智慧地球、智慧城市、智慧校园的概念提出与发展,作为它们的组成部门,一些更多的"智慧单元"被提出并被尝试和发展,如智慧交通、智慧政府、智慧商业、智慧工业等在很多城市得到发展壮大。智慧图书馆既作为一个主体的一部分(如大部分的图书馆位于城市,学校图书馆隶属于校园的一部分等)存在,又是一个独立的单位和个体,在智慧地球这一概念提出后,被广大图书馆学者提出,并丰富和完善。

在智慧城市这一概念提出之后,国内图书馆界出现了"智慧图书馆"这一概念,并且,图书馆学者围绕这一概念做了一定量的研究。通过中国知网检索,以"智能图书馆"为检索词,可查询到的结果为146条。查询到发表时间最早的文章可以追溯到2000年,即李艳丽和刘春杰发表在《山东图书馆》上的《智能图书馆的结构化布线系统》;被引次数最多的文章为初景利、段美珍2019年发表在《国家图书馆学刊》上的《从智能图书馆到智慧图书馆》一文;虽然国内对智慧图书馆的研究兴起于2000年,但研究的高峰在2009年以后才出现,集中于2012—2020年。

国内对智能图书馆的研究大多集中于建筑建设、技术和系统等领域,智能图书馆的其他重要组成部分如软件、服务、高素质馆员等领域却少有研究,这反映了智能图书馆并不能解决所有问题,图书馆界迫切需要一种更新的理念和模式来实现图书馆的变革。

这些理论成果反映了我国图书馆学界关于智慧图书馆研究的不断深入与成熟。但是,囿于经济社会发展水平,我国智慧图书馆建设整体上尚处于初级阶段,地区化差异仍然比较严重。

第三节　智慧图书馆定义及特征

一、智慧图书馆的概念

本智慧图书馆是以高质量的信息资源为核心，通过高素质馆员的支撑与用户的协同感知，借助高科技手段和智慧化建筑，实现对数字图书馆和个性化的信息、知识服务的提升和推动，它是数字图书馆发展的更高级阶段，是集资源、技术、人才、服务、建筑为一体的智慧化集合体。

二、智慧图书馆的内涵

（一）智慧图书馆是智慧城市的重要组成部分

智慧图书馆是智慧城市的重要组成部分，它将作为智慧城市不可或缺的基础单元而发挥其记载历史、传承文明和资政惠民的作用。智慧是人类所具有的显著特征，而智慧城市生态环境中的信息技术能够将人的智慧与组织的环境实现紧密融合，使机构中的物具有智慧属性。智慧城市的建设与发展是动态的、可持续的，其历史轨迹和发展历程需要以图书的形式持续保存，这是图书馆承担的社会职能，传统的图书馆需要在人员素质和技术技能、基础设施改造和现代管理能力与水平等方面不断提升，并通过技术系统和业务活动融入智慧城市的建设与发展过程，只有这样才能满足智慧城市生态环境下图书管理的业务和信息服务的要求。

（二）智慧图书馆是图书馆发展的高级形态

智慧图书馆将逐渐突破实体图书馆的组织边界、自给自足的 IT 基础设施和图书资源分层分级的传统管理模式，发展成为跨实体图书馆乃至跨区域的协同工作组织，实现城市图书资源的一体化集约管理与社会化单点服务目标，它的组织管理形态、技术系统结构、业务工作理论和管理运作模式将随着智慧城市生态环境的变化而不断地调整、优化和进

化。智慧图书馆是图书馆未来发展的方向,它在数字图书馆基础上融入了新的发展理念,具有丰富的内涵:

1. 智慧图书馆的基础是智能感知设备的使用,它是植入智慧图书馆的智慧基因,物联网、互联网、云计算等信息技术是使图书馆变得聪明起来的坚实基础。

2. 智慧图书馆的关键因素是智慧的图书人,它是使图书馆聪明起来的主体因素。

3. 智慧图书馆运行的本质是以为社会和人服务为根本。它以现代信息技术和通信技术为支撑,汇聚人的智慧,赋予物智能,使人人、人物、物物互动,充分发挥图书信息资源惠及民生的作用。

4. 智慧图书馆的核心是充分运用现代信息技术,最大限度地开发和利用图书资源。

5. 智慧图书馆建设的目标是:图书管理业务实现自动化、智能化、人性化,将位于各业务工作末端的图书工作融入各业务工作中去;图书资源更广、内容更丰富、类型更多样;提供以人为本的个性化服务、深度服务、知识服务、系统服务、专业服务,并将服务融入智慧城市公共服务体系之中,为政府管理服务,为民生服务;其生态系统具有较为完善的行为意识和调控能力,具有自我学习、自我成长和自我创新能力的新体系。

三、智慧图书馆的特征

智慧图书馆与以往实体图书馆和数字图书馆最大的区别在于对云计算、物联网和互联网等现代信息与通信技术的广泛应用和深度实施,它最大的特征在于技术系统方面的变化,这一变化是图书馆人员及其服务模式发生变化的根源。

(一)智慧图书馆的信息系统特征

信息系统是智慧图书馆全面实现现代化管理和智慧化服务的基础和前提,属于图书馆战略规划和顶层设计的范畴,它的架构不仅包括图书馆内图书资源如何管理,还需要围绕图书馆工作运行涉及的所有要素进行整体规划和顶层设计。其目标是将图书馆所有的业务实现全面信息化管理,通过流程优化、资源整合、协同办公来实现馆内管理运作的

智慧图书馆建设与应用实践

现代化、基于系统的管理控制和领导决策的科学化,减少传统管理中人为因素引发的主观性、滞后性和欠科学性。

1. 图书馆资源组织的精细化

智慧图书馆系统的全面实现,将对图书馆内部数据库系统的构建提出新的要求。一方面图书馆资源的来源范围将会逐渐扩大,不仅仅来源于传统图书馆定义的机构和部门内部形成的图书,还将范围扩大到对社会发展有重要推动和影响作用的服务社区或电子商业环境;另一方面从图书馆收集、处置、保存和提供图书利用的业务角度看,图书资源库的建设将不仅仅局限于接收进馆的图书信息库的建设,还需要建立支撑图书馆所有业务活动的数据库,同时还应根据图书管理各个业务环节的特点对图书信息库实施精细化管理,以满足智慧图书馆系统运营的新要求。

(1)图书资源聚合库是图书馆中图书资源的来源库,它按照图书管理的政策、制度、要求和特点对归档电子文件或准备移交的电子图书进行规范化处理,包括分类整理、格式转换、质量检测和归档移交等。

(2)管理运行库是支持图书馆全面信息化管理的主体数据库,用于支持所有馆内业务信息化系统的建设和系统使用过程中信息的保存,图书馆工作人员通过使用运行库支撑下建立的信息系统而实现图书管理的信息化、图书馆业务的自动化、图书管理过程的运行监控,为建立图书文化社区服务奠定图书文化基础。

(3)图书长期保存库是将图书馆内部所有的进馆图书资源进行封存管理,根据进馆图书的技术特征如文件格式或保存期限、密级及其处置要求等制订长期保存计划和实施策略。

2. 图书馆业务实现的感知化

智慧图书馆的技术系统建设过程也将呈现出这样的智慧特征和人类特有的高级能力。

这种基于"感知"技术的图书管理业务突破了传统的实体图书管理形式,不仅减少了人工的参与处理机会,实现了对图书信息全生命周期全过程的自动、深入且精准的控制,保证了图书的真实性,还可以将无线射频识别(Radio Frequency Identification,以下简称RFID,全书同)技术应用于纸质文件的管理,不仅实现了对电子文件真实性的前端控制,还实现了对纸质图书从形成到管理、利用,直到消亡的全生命周期真实性的控制。

3. 图书信息服务的知识化

在智慧型城市的背景环境下,数据分析与挖掘、语义分析与知识发现、智能处理和感知设施的广泛应用,将助推图书信息服务的水平使其提升到一个更高、更广和更深的层次和高度,这将使图书馆面向智慧城市中的各行各业和社会公众以往的行为、需求和要求提供个性化的知识推送与专门化的定制等能够体现图书馆预知、判断和分析能力的智慧型服务。

基于知识管理方式提供图书信息的智慧化服务,首先需要将图书数字信息进行知识化处理,采用语义分析、搜索引擎和数字仓库等技术建立用于挖掘、分析和发现图书相关知识的图书知识库,然后再参照用户的信息消费需求对知识进行有效的组织,并利用信息技术手段通过多种服务方式将图书知识传递到用户终端。这样一来就可以大大提升图书信息服务的能力和水平,使服务方法多样化、服务内容更丰富、服务工作更人性、服务程度更精细,最终实现图书服务模式由传统向现代的转变。

(1)服务方式多样化。智慧图书馆不仅能全面跟踪和获取利用者个性化信息,在对利用者信息管理的基础上,构筑能全面、真实地反映利用者个性特征和需求特征的利用者模型,为利用者提供个性化服务。智慧图书馆通过泛在网为利用者提供无处不在的服务。

(2)服务内容更丰富。智慧图书馆除提供传统意义上的图书信息服务外,还借助数据挖掘、知识分析、专家系统等现代信息技术,深度挖掘图书信息中包含的知识和文化资源,提升图书价值,多角度展示图书价值,为社会提供更高层次的服务。

(3)服务工作更人性。智慧图书馆根据利用者的特点采取推送方式使服务呈现出主动化、精细化特征;利用泛在网,不受时空的限制,为广大利用者提供全天候的随时随地的服务,使服务呈现出泛在化特征。

(4)服务程度更精细。智慧图书馆将服务融入智慧城市公共服务体系中,与政府之间实现业务协同,为政府管理和应急处理提供决策支撑;充分挖掘图书所具有的信息属性、知识属性和文化属性,为社会提供知识和文化服务;基于RFID技术实现在图书利用中知识产权保护的

智慧图书馆建设与应用实践

服务。

（5）服务模式的转变。智慧图书馆提供以用户需求为导向、以用户为主的服务。实现了图书馆与利用者之间，利用者与图书之间的关系由单向变为双向，由一方主动变为双向互动。

（二）图书仓储管理的虚拟化特征

智慧城市生态环境下，城市楼宇和图书馆舍环境均将发生质的变化，互联网、物联网、RFID技术、智能传感器和智能监控技术正得以广泛推广。比如，利用RFID技术可以通过将电子标签嵌入员工的工作证、利用者的借阅卡等之中，实现对员工基本信息管理，为员工学习提升、员工权限管理等提供依据；通过对利用者利用基本信息、特征、位置等信息的管理，实现个性化服务和对图书的安全监控，进而对图书馆一切人、建筑、环境、设施设备以及安全的全面智能化控制管理，实现人力和物质资源的优化配置。

另外，通过使用智能传感器对图书馆基础设施设备、建筑、环境等的全面感知，实时掌握设备设施的基本信息、运行状态，实现对馆内各种机器设备等的智慧化程序控制及综合管理，为设备购置、维护、检修提供强有力的支撑。

（三）全方位感知

数字图书馆核心技术是数据处理，智慧图书馆的核心技术是感知技术，感知是智慧管理的第一要求。各种感知技术支持下的通过连接到物联网的智能手机、平板电脑、射频识别装置、红外感应器、GPS等智能终端和传感设备是智慧图书馆物联网的神经末梢，智慧图书馆的感知和人类的感知类似，但是比人类的感知范围更广泛、更加理性、更加精确，可以感知不同的层面，并且可以用数据化的方式进行展现或传递。

全方位感知分为：资源感知、人员感知、环境感知和服务质量感知四种。

1. 资源感知

资源感知可分为对馆内设备及纸质文献资源的感知和对数字资源的感知两种。

（1）对馆内设备及纸质文献资源的感知。对馆内设备及纸质资源的感知主要是依靠物联网技术,通过射频识别(RFID)、红外线感应、激光扫描、物体定位系统等软硬件技术,根据其特定的网络协议,将设备、纸质文献资源进行网络链接,与用户进行信息交换和通讯,从而实现对设备和纸质文献资源的识别、定位、跟踪和管理。

物联网、RFID、二维码和无线传感技术等的发展使图书馆的自助服务越来越便捷,从自助借还书、自助打印、自助扫描等服务终端到24小时的街区自助图书馆,越来越多地满足着读者在新技术条件下对图书馆的新需求,同时图书馆的服务手段也越来越智能化。

(2)对数字资源的感知。随着搜索引擎技术的发展和进步,如何为读者在海量信息中准确高效地找到自己所需信息,从而提高读者查找资源的效率,是图书馆建设必须考虑的一个问题。通过数据整合建立大数据分析平台,采用智能搜索算法也许是一个有效地让读者快速"感知"数字资源的捷径。

2. 人员感知

人员感知可分为对读者的感知和对馆员的感知。

(1)对读者的感知。根据读者的个人信息(比如年龄、专业、爱好等)、借阅信息等大数据,通过数据分析建立读者的资源喜好画像,从而实现对读者的需求感知,并可把每个读者所需资源自动推送给个人。

(2)对馆员的感知。智慧图书馆阶段很多服务实现了智能化、自动化,但并不是不需要馆员提供服务了。智慧图书馆对馆员工作的各个方面感知、定位与读者感知相结合,通过智能寻呼系统等平台将二者相联系,实现馆员与读者交流与沟通的目的。

3. 环境感知

图书馆藏书众多,人员集聚,是一个需要加强安全保护的重要场所,尤其是在消防方面的防护更是重中之重。从馆藏保护角度来说,能够感知环境温度、湿度及光线对图书馆来说特别重要。特别是拥有古籍或者珍贵文献的图书馆,拥有能够自动监测、自动调节馆藏环境的基于物联网的图书馆智慧环境设备管理系统更是尤为必要。

4. 服务质量感知

智慧图书馆建设的根本目的就是为了更好地为用户提供服务,所以说用户服务质量感知的效果非常重要,甚至可以用来评价一个智慧图书馆建设的水平。

(四)立体互联

图书馆立体互联即全面的互联,包括图书馆物理空间的互联,楼与楼之间、层与层之间、区域与区域之间、房间与房间之间、桌与桌之间、计算机与计算机之间、屏幕与屏幕之间、馆藏与借阅之间等的相联,以及网络与网络之间、馆与馆之间、书库与书库之间、图书与图书之间、人与物之间等的相联。

智慧图书馆的硬件设施得到了很大的改善,并且设备、系统、资源和人员之间建立了充分的立体互联,互联是智慧图书馆的核心要素。智慧图书馆的互通互联包括三个层面:

1. 单个图书馆内部的互通互联

单个图书馆内部的互通互联属于初级层面的互通互联,指的是图书馆内各馆室之间的互联,打破馆内各部门之间现有的模块化管理模式,图书馆工作人员在内部互联的基础上形成一个整体。单个图书馆互通互联既有物理环境下的互通互联,也有通过互联网实现的互联,是物与人、物与物、人与人之间的互联。

2. 图书馆之间的互通互联

图书馆之间的互通互联是在单个图书馆内部互通互联的基础之上的更高层面的信息共享,馆际的立体互联、协同共享,实现的是图书馆在图书服务方面的升级与理念的转变。图书馆之间的互通互联打造的是泛在的承载网络,将各种采集信息和控制信息进行实时准确的传递,实现人与书、人与人、书与书的互联互通,让用户可以不受时空限制利用任何方式获取图书馆服务,真正成为用户身边的图书馆,最大限度地呈现信息和服务获取的便捷性。

3. 图书馆与其他部门的互通互联

图书馆与其他部门的互通互联是最高层级的互通互联,图书馆在行业内部实现互通互联的基础上、在融合互联网和物联网等信息网络的基础上,与其他机构之间实现跨行业的互联,进而了解到整个社会的全貌,真正地实现信息共享的本质追求。

(五)无限泛在

建设智慧图书馆目的是消除信息壁垒、信息孤岛,实现全面立体的联通和协同共享、形成图书服务的无限泛在。这里的泛在,指的并不是实体图书馆和图书工作人员的随处可见,而是图书馆服务的随处进行,是将图书使用工作的便捷性、随时性全交给使用者,满足使用者对图书的使用需求。无限泛在分为时间上、空间上、方式上的泛在。

1. 时间上的泛在

图书馆数字化、网络化建设的全面开展为智慧图书馆建设打下了坚实的基础,智慧图书馆可以为广大利用者提供全天候的图书使用服务。图书使用者,可以通过互联网在电脑、手机等设备上随时获取到所需的图书信息。

2. 空间上的泛在

图书馆在何地可以提供使用,是图书服务在空间上的限制。借助互联网,图书使用者可以在任何一个地方通过网络登录图书馆网站查找所需信息,在任何地点都可以利用到所需的图书信息。智慧图书馆在空间上无限泛在的特征,颠覆了陈旧、固化的空间观念。

3. 方式上的泛在

图书馆自助服务是智慧图书馆服务方式泛在的一种体现。这种方式随着其他行业自助服务的不断普及不断地出现在图书服务领域,是指用户通过企业或第三方建立的网络平台或终端,实现对相关产品的自定义处理。通过自助服务用户能自行解决大部分简单的问题;用户可跟踪了解自己所申请事件的处理情况,同时可对每次请求做出满意度反馈。银行的自助柜员机,图书馆的自助借还机,公共交通的自助服务,各行各业的自助服务广泛普及。

根据工信部披露的数据显示,截止 2015 年底,全国 4G 用户总数达 3.86 亿户,4G 移动电话用户月均净增超过 2000 万元;移动用户数总规模达 12.93 亿户;移动宽带用户占比近 50%。而电信业的飞速发展也对我国城乡居民的工作和生活产生了深远影响,移动支付、新一代电子商务、新媒体、生活娱乐,泛在式的信息服务等被越来越多的人使用,给人们带来的变化几乎深入各个领域。而通过利用有线和无线网络,可以使图书馆真正实现泛在化,用户可以在手机等终端设备上无障碍、便捷地使用智慧图书馆。国内的一些大的公共图书馆在移动图书馆上走在了前列。

首都图书馆的城市街区24小时自助图书馆可以为读者提供申办读者卡、自助借还书、"一卡通"联网图书馆信息和馆藏状况查询、数据库查询及电子书借阅等服务。

①申办读者卡:市民可持二代身份证在"自助图书馆"申办读者卡。

②自助借书(续借):持具有"一卡通"外借功能读者卡的读者可外借自助图书馆的图书,每台自助设备满载运行时可容纳400册供外借的图书。

③自助还书:可完成"自助图书馆"图书、首都图书馆图书(少儿图书除外)和"一卡通"图书的归还,每台自助设备还书量可达800册。

④OPAC查询服务:通过查询机可查询"一卡通"联网图书馆的信息和馆藏状况。

⑤数据库查询:读者可通过访问"北京市公共图书馆计算机信息服务网",查询和利用数据库资源。

⑥电子书借阅:读者可通过访问"北京市公共图书馆计算机信息服务网"中的数据库资源,对数据库中的电子书进行借阅和下载等操作,外借量和下载量可达10本。

(六)可持续发展

智慧图书馆的深度感知有助于实现建筑内设备、资源利用的环保、绿色与安全,与图书馆自身之外的所有事物实现环境友好的可持续发展。各个图书馆之间的信息壁垒的打破、信息的广泛共享使得拥有信息再生能力的智慧图书馆,有了更广阔的图书信息来源,从而能可持续地为人民和社会提供图书服务。

智慧图书馆是一个"开放"的有机体,收集图书的类别极大地扩展,不断融入各种先进技术、管理模式,不断产生着新的信息。同时,对公民共享图书权限的开放,公民自主和互动式的服务和管理模式,将为公民源源不断地参与到图书工作中来提供了可能。

（七）以人为本

智慧图书馆的立体互联和无限泛在特征为图书利用者带来了巨大的便利。立体互联使馆际、图书馆与其他部门之间连为一个整体，图书利用者可以从一点切入查找所有所需图书信息；图书服务在时间、空间、方式上的泛在，让图书利用者可以足不出户、全天候就能查找到所需要的图书信息。

智慧图书馆的精髓就是以人为本，以用户为中心，一切从用户的角度出发来提供服务。智慧图书馆的一体化使用既体现在用户可以到图书馆来，利用物理的图书馆，包括各种设备工具来满足其需求，如借阅、参考咨询、知识共享、小组讨论、丰富课余文化生活的视听活动等。

智慧图书馆的管理运作环境——"图书业务活动"更精准，图书馆运营环境更人性化。新一代信息技术、网络技术的应用，由于赋予了物的智能，智慧图书馆在数字图书馆基础上其管理能力得到了质的提升，实现了对构成图书馆所有因素的智能管理和控制，为图书利用者和社会提供更为人性的、灵活的服务，形成一个以图书资源为核心的提供图书信息增值服务的智慧图书馆生态系统。

（八）个性化服务

21世纪以来，世界各地的图书馆的服务理念都发生了深刻变革，尤其是在我国，从以管理为中心到以服务为中心，从以前的被动服务到现在提倡主动服务，从重视资源建设和馆藏建设到服务与建设并重，从提供固化的、程式化的服务到提供专业的、个性化的服务。可以明显看到的是，智慧图书馆比以往的图书馆理念的个性化服务意识有了质的飞跃，同时，智慧图书馆也强调与用户互动，它提供的服务是智慧化的、交互性强的个性化服务。

图书利用者不仅能够方便地查找到需要使用的图书信息资源，还能够及时得到可能会用到的或者关注的图书信息。图书馆将通过服务方式的变化、服务内容的丰富、服务工作的主动和服务模式的多元化为用户提供更主动、更深层、更精细化的服务，全面提升服务水平，为社会提供全面的、及时的、更专业的信息服务、知识服务和凭证服务。

（九）高效性

智慧图书馆的高效性不但体现在管理的高效,还体现在服务的高效和资源配置的高效上。

1. 智慧图书馆是高效管理的图书馆

图书馆管理是指图书馆的主管者,通过计划、决策、组织、领导、控制和创新等职能来协调工作人员的行为,以达到图书馆预期目标的活动过程。智慧图书馆就是要使管理科学化,使馆内各组成部分高效运转,如促进设备工具的高效使用,提高馆员的工作效率,提高管理者决策效率,提高图书馆整体的创新能力。高效的管理就是要提高图书馆反应的即时性和适时性,使图书馆复杂的神经系统在面临千变万化的动态发展情况下能够做到"耳聪目明"并快速反应,从而提高图书馆管理的灵敏度。

2. 智慧图书馆是高效服务的图书馆

在现代社会,用户的服务需求越来越向着高、精、深方向发展,对图书馆的要求也越来越高。智慧图书馆的高效服务,一方面体现在馆员根据用户的服务需求,通过现代化的技术手段,提供最符合要求的信息资源,必要时,还要根据用户深层次的需求提供更专业的服务,如情报服务、知识服务等。另一方面体现在图书馆要形成一个集群,利用整体的力量来满足用户个性化的服务需求。

3. 智慧图书馆是资源优化配置的图书馆

绿色发展是当今时代的主题,也是智慧图书馆的灵魂。图书馆的资源优化配置的核心就是提倡图书馆的绿色发展,而低碳环保又是图书馆绿色发展的核心。这就需要馆员转变工作方式,提高绿色发展理念,从点滴做起。例如,现今高校图书馆的占座系统大部分已实现无纸化运行,即取消小票机占座,通过电子选座系统来实现占座,节约了纸张的同时也提高了占座的效率。

（十）协同管理

智慧图书馆应该具有全面感知馆内的所有组成部分,图书馆与用户实现全面的互联互通,图书馆的所有组成部分、运作流程、运行方式实现智能化。智慧图书馆的主要特点是无处不在的网络环境,无所不包的海量数据环境与共享以及无所不容的业务管理和服务模式。

智慧图书馆的深度协同体现在馆员与设备工具的协同、馆员与用户的协同、用户与设备工具的协同信息技术与所有智慧图书馆的主体的协同,以及图书馆与其他馆或信息机构的协同。现代社会,图书馆的信息共享尤为重要,它不但能使各馆之间互通有无,而且能够提高资源使用效率,使图书馆的作用最大化。而这些协同的实现必须要有一定的机制,用以规范协同系统内各组成单元的关系,同时维持协同系统的正常运转。

这个智慧实体是传统实物图书馆、数字图书馆和云计算、物联网等新技术融为一体的新型"数字实体",是智慧城市的基本构成单元,是智慧城市持续发展的信息资源支撑。有理由相信,智慧图书馆是智慧城市背景下图书馆的新形态,是数字图书馆发展进化的高级阶段。

第二章 智慧图书馆建设基本要素

　　智慧城市的建设推动着图书工作、图书馆建设的升级,出现了传统图书馆向数字图书馆等新型图书馆的转变。如今数字图书馆的建设仍在有条不紊地进行,但整体来看,已发现一定的局限性。因此,在智慧城市的背景下,对于信息资源的巨大需求推动着图书馆的转型与升级,在智慧城市的背景下孕育了智慧图书馆这一概念。智慧图书馆自提出便吸引了图书学界许多学者的关注。

第一节　智慧图书馆建设

智慧图书馆实现的是管理和服务的智慧化。由于图书馆的管理和服务大多是融合在一起的，比如对自习座位的管理，同时也是对上自习读者的管理，所以本节以各个基本功能为类别，从技术的角度，分别探讨在智慧化阶段应该实现什么功能。

智慧图书馆的功能，是与智慧图书馆的定义和特点密不可分的。智慧图书馆的功能，主要分为几个方面，一是图书馆管理的功能，智慧图书馆能提供一种全新的智慧化的管理模式；二是图书馆的服务功能，智慧图书馆的服务模式是智能化、泛在化和个性化的；三是图书馆的空间的智慧化，智慧化的馆舍空间提供智慧图书馆必要的物理承载。

一、智慧图书馆的"智慧管理"功能

智慧图书馆的智慧管理功能主要是通过物联网实现的，智慧管理又分为对人的管理、对图书的管理、对资产的管理等方面。

（一）对人的智慧管理

包括对图书馆馆员的管理和对用户的管理，对人员的管理主要是通过身份识别技术来管理。例如，图书馆馆员和用户均需要办理一张存有个人信息的一卡通卡片（卡片也可以内置到手机中）。此卡集多种功能于一体，如图书馆借阅及占座、校园消费、教学楼和宿舍门禁系统等。图书馆在门禁处安装感应器或接收器，此装置与校园卡管理系统和图书馆管理系统相连接，馆员或用户需携带一卡通卡片靠近门禁处，接收器就会自动识别并开启门禁，同时系统会记录人员信息情况，并将数据传送到图书馆管理系统中。由于在馆中装有足够数量的接收器，各类人员进出馆和在馆中的流动情况可以很方便地从系统中查出。此系统非常便于对图书馆人员进行管理，并积累详细数据以供图书馆管理层和馆员利用。

（二）对图书的智慧管理

对图书的智慧管理主要依靠植入芯片技术和 RFID 来实现。例如，以往图书都是依据图书馆分类法，依靠人工来进行分类排架、查找等管理工作，由于高校师生人数较多，用户借阅图书量大，所以图书馆员每天或很低的频次就需要对书架进行整理，这对图书借阅部门的馆员来说是一项比较重的负担，同时也使得图书流通效率降低。而依靠芯片技术和 RFID 技术，图书馆馆员可以将来自不同出版社的图书的基本信息植入芯片中，通过此芯片可以进行智能化管理。同时，此项技术可以带来很大便利，一是植入芯片可以省去繁杂的图书信息编辑工作；二是清点图书也变得非常简单，只需要用扫描设备在书架上依次扫过，所有书目信息一目了然，通过此项技术，以往需要相当长时间的清点工作现在只需很短时间就能完成；三是方便用户查找所需书籍，以往用户借阅图书需要先查该书的索书号，再去相应的书架找书，利用 RFID 技术，用户可以手持扫描设备很快找到所需的图书；四是图书馆馆员和用户可以便捷地查询相关书籍的基础信息、馆藏书目数据、借阅数据及图书当前所在书架的具体位置；五是方便馆员顺架和将图书归位，开放式借阅使得图书的顺序比较混乱，馆员需定期对书架进行整理，在智慧图书馆中只需在阅读器中输入要检查的号码段或要找的书名等，然后沿着书架依次扫描，一旦发现排架错误或找到所要的书刊时，立刻声光报警，这使得查找工作变得非常方便，而且能显著降低错架乱架率。

（三）对图书馆资产的智能管理

图书馆资产多、门类杂，管理难度大，在以前图书馆资产流失情况偶有发生。如果将图书馆资产都植入芯片，并在门禁处设置电子识别器，依靠管理系统，可以防止图书馆资产的流失，如果再加上网络视频监控系统，图书馆就可以有效管控国有资产，防止图书馆的固定资产和图书的流失。

二、智慧图书馆的智慧服务功能

智慧图书馆的智慧服务又分为一般性服务和深度服务，一般性服务是指图书馆的基础服务，如借还书服务、空间服务（教师和学生利用图

智慧图书馆建设与应用实践

书馆空间来学习和研讨等）等；深度服务是指图书馆馆员利用所学的专业知识，结合用户的需求提供的更深层次服务，一般包括知识服务、高级参考咨询服务和情报服务等。智慧图书馆的深度服务功能将会在下面的章节详细描述，在此仅探讨智慧图书馆的一般性服务功能。

智慧服务的一般性服务一般包括借还书服务和空间服务。

（一）智慧性的借还书服务

传统的图书借还服务主要依靠人工来完成，即读者到借阅部门借书或还书。在智慧化图书馆阶段，读者不但可以使用自动化设备借阅和归还图书，而且还可以享受到更好的服务。在图书馆大数据平台的支持下，可以对图书的借阅数据、外网和内网上的书评数据、读者的专业、读者的喜好、社会上图书流行情况等数据进行人工智能建模和分析，从而实现图书有针对性的推荐。

图书馆的用户画像研究，用途之一就是对读者进行个性画像，然后考虑如何对其推荐图书。用户画像是建立在一系列真实数据之上的、描述读者需求和偏好的目标用户模型，其目标是为了了解读者，猜测读者的真实需求和潜在需求，实现精准服务。真实数据包括读者背景、能力、性格、兴趣、习惯、行为等能够全方位、立体化地反映读者特征的数据。

（二）智慧性的空间服务

空间服务主要集中于图书馆的阅览室和部分图书馆设有的自习室，对于图书馆空间的管理主要依靠引入智能占座系统。

图书馆的座位管理常用的是自习室和讨论室的座位管理。图书馆座位预约系统是为了解决图书馆座位预约管理的问题，将座位实时信息与数据库以及前端页面结合起来，方便图书馆管理员管理座位的同时，也为读者使用座位提供一个统一的、方便的路径，使座位使用效率与使用秩序有较大的提升。

例如，某智能占座系统的操作过程：读者只要将智能卡放在刷卡区，屏幕上便会跳出"常坐座位"和"本次选位"两个选项。选好座位后，如果需要打印，机器便打印出一张标明座位代码、所在位置、学生卡卡号等的座位票。学生离馆时，再重新刷卡，如果选择"暂离"，系统会保留座位45分钟（可设定）。如果选"本次离开"，系统将自动释放该座位。近两年来，随着5G网络的发展，图书馆占座系统也可以实现手机操作功能,用户利用手机可以实现在终端机上的所有操作,足不出户便可以实现选座功能,同时,此系统还可以自行设置规则,防止出现漏洞或其他不符合规范的行为。在方便了图书馆管理的同时又最大限度地便利了用户使用图书馆空间。

三、智慧图书馆的空间智慧化

智慧化空间就是图书馆利用技术手段和设备来管理空间,以达到空间最优效果。智慧图书馆的空间智慧化核心是智能楼宇系统在智慧图书馆中的应用。由于一般图书馆设有物业管理功能,智慧图书馆的楼宇控制系统也会有选择地建设一些子系统以支撑楼宇管理功能的实现。

智能图书馆的智慧化空间主要体现在以下几个方面,一是通过网络视频监控,实现对图书馆空间的智慧管理;二是通过声光电和温度湿度控制系统实现对图书馆的声光电和温度湿度进行监测和调控;三是图书馆大门也可以实现自动定时开关;四是利用综合布线系统可以提供整个馆舍内无死角的网络覆盖;五是智能广播系统可用于播放背景音乐、通知和应急广播,告示系统用于视频信息发布,在门厅、大堂、电梯间等地配置告示屏,播放宣传材料、广告和公告信息等;六是智慧化消防,它具备火灾初期自动报警功能,并在消防中心的报警器上附设有直接通往消防部门的电话、自动灭火控制柜、热/烟感应系统、火警广播系统等,可有效防止火灾发生;七是智能身份识别系统,该系统主要依靠一卡通系统来实现。

第二节　智慧图书馆建设考虑的因素

本书在第一章提出了一种新的智慧图书馆概念及特征,随后主要介绍和论述了各种技术及其在图书馆的应用情况,本章的第一节从技术的角度,谈了智慧图书馆的建设设想。为了实现"我懂你"和"我帮你"的智慧图书馆,从宏观的角度,还需要考虑以下五个因素。

一、需求

需求就是图书馆到底想干什么？想做什么？智慧图书馆的建设涉及很多方面、很多层次、很多技术。不可能一个图书馆一下子全部实现"智慧化"，就是参考其他图书馆的成功案例，也不可能一步到位，因为别的图书馆的需求未必是你的需求，别人理解的智慧图书馆也未必和你理解的一样。

所以说必须明确自己的需求，这是建设智慧图书馆的前提。比如，对一个高校图书馆来说，购买纸质书和电子书，在总经费一定的前提下，如何分配购买纸质书和电子书的款项以达到最大的效益或最优的效果？具体购买纸质书或电子书的时候，购买什么专业的、哪个出版社的、中文的还是外文的，等等，才能最大化地满足读者的需求？所有这些问题都需要根据本校的经费情况、学科建设情况、特色专业情况等因素综合考虑，不可能原封不动地全盘引进其他高校的成功案例就能实现。所以说建设智慧图书馆，对高校图书馆来说，必须首先了解和明确师生、学校、馆员等人的"智慧"需求，依此需求进行智慧图书馆的建设，才能真正做好"以人为本"的服务。

目前，高校图书馆用户主要分为教师、科研人员、研究生、本科生以及其他工作人员。他们对信息的基本需求是不同的，这里简介列举几类人员的信息需求以供参考。

1. 研究生

研究生是高校图书馆中比较特殊的读者群体，是高等教育中培养的高层次人才，在某种程度上代表着学校的教学科研水平。他们的阅读需求介于高年级学生和教师之间，对文献需求的数量、品种、范围等都远远超过了一般学生的需求。他们迫切需要大量学科前沿、尖端的新知识及专业性强的学术信息，尤其是对学术研究和撰写学位论文方面的文献信息资料，更是求多、求全、求新、求专。该群体的阅读需求具有强烈的目的性、学术性、实用性的特点。因此，研究生是高校图书馆的主要服务对象，他们对文献的需求表现出专深性、广博性、前沿性和应用性的特点。所以，研究生的信息需求也是以深层次资源为主，这样才能为学校的科研事业添砖加瓦。

2. 本科生

本科生是高校图书馆用户的主力军,他们人数多,在校时间长。本科生用户对数字化信息的需求遵循着由浅入深、由广及精的规律,信息需求以一次文献为主,特别是以中文文献信息资源为主。

3. 其他工作人员

高校图书馆面对的读者不只是学生和教师,还有相当数量的其他工作人员,这也是很值得重视的群体。这个群体的成分复杂,文化水平参差不齐。他们多喜欢阅读一些趣味性及知识性书刊,以追求放松身心的目的。他们没有固定的阅读内容,因而具有很大的盲目性和多变性,对于休闲、娱乐性的空间和服务有很大的需求。

这就要求高校图书馆在保证教学用书、科研用书的基础上,尽可能全面广泛地选择那些有教育意义、知识性强、思想水平高的文献。这类书包括思想道德修养、法律法规、科学普及、文学艺术、生活娱乐等方面内容,从而保证为提高学校师生员工政治思想素质、扩大知识面、丰富业余文化生活,使德智体美劳全面发展所需的各种文献。

二、数据

在有需求的前提下,必须有相关的数据做支撑。没有数据的智慧图书馆就像"无源之水,无本之木"。比如图书馆想分析读者借书信息和读者学习成绩之间的关系,那么没有读者的学习成绩,谈何分析?所以说数据要满足智慧图书馆建设的需要,不仅需要图书馆的信息系统产生的数据,而且还需要高校其他业务系统的数据。另外,数据一般分结构化的数据和非结构化的数据,结构化的数据容易理解,比如学生的学号、年龄、班级等数字或文本信息,非结构化的数据包括很多,比如办公文档、文本、图片、XML、HTML、各类报表、图像和音频/视频信息等。所以说有了数据,还要有大数据的管理平台,否则对数据连起码的管理都实现不了,更勿论数据分析。

三、算法

明确需求了,相应的数据也有了,那么怎么实现智慧呢?必须有算法,当然一些算法还是智能算法。智慧图书馆的建设需要给只懂"0"和"1"的计算机赋予"智慧",根据目前计算机的体系结构,只能用算法、智能算法来实现。当然算法有很多,只有在明确需求和获得相关数据以后,才能选择合适的算法去实现"智慧"。同时,智慧图书馆的"智慧水平"随着算法的进步而提高。

四、人员

对高校图书馆来说,这里的"人"包括图书馆的管理者(馆领导、有关校领导)、全体馆员、读者三种。要建设智慧图书馆,都要群策群力,共同努力,三者缺一不可。

智慧图书馆中关键角色——"人员"应更加聪慧,不仅需要熟悉图书管理的基本原理和业务过程,而且应该懂得如何采用各种先进的技术和方法提高工作效率和服务水平,这就对图书工作者及其继续教育工作提出了较高的要求。可以想象,智慧图书馆人员分工更细,职责更明确,业务更专业,员工更具创新能力,对各层次工作人员的素质要求也更加明晰,人才队伍培养目标更加明确。

馆长是图书馆管理的核心,馆长的创新意识决定着图书馆的改革进程;服务是图书馆员的天职,改革创新是全面提高图书馆服务质量的动力。在智慧图书馆的建设中,管理者的角色主要是建设的引导者、项目实施的负责者、各种需求的决策者、所有工作的支持者等;馆员的角色主要是项目的实施者、需求的提出者、服务的反馈者、利用平台进行服务者等;馆员之中直接负责智慧图书馆建设的馆员,必须了解和掌握相应的计算机技术,比如数据库、人工智能、大数据、智能算法、软件开发等相关知识。当然智慧图书馆的建设也离不开广大的读者,其主要角色就是"上帝",其对提供的服务满意不满意是检验智慧图书馆建设工作成败的关键。

五、建筑

建筑是智慧图书馆的物理载体,它为智慧图书馆馆员提供工作场所,为智慧图书馆资源提供馆藏空间,为智慧图书馆服务提供服务场地,为智慧图书馆系统和技术提供物理设备存放地。

总之,可以把智慧图书馆建设比作一个人的成长,"需求"可比作这个人的大脑,这个人想成为什么样的人由大脑决定,"数据"是血肉,"算法"是骨骼,"人员"是这个人的家长、导师、引导者,"建筑"就是这个人成长的环境。

第三节 高校智慧图书馆的建设目标和原则

在教育信息化和"双一流"建设的背景下,高校图书馆的服务模式开始转型,逐步进入智慧化服务阶段,作为未来高校图书馆发展的新形态,智慧图书馆正在成为传统图书馆创新发展、转型发展和可持续发展理念的实践。高校图书馆将充分利用优质资源和先进技术,创新运行机制和服务管理模式,整合现有的各类资源,构建先进、高效、实用的数字化基础设施;加快终端设备设施普及,推进数字化、智慧化图书馆的建设;实现多种方式接入互联网,加强优质文献信息资源的开发与应用,加强网络资源体系建设;同时,引进国际优质数字化信息资源,建立开放灵活的文献资源共享服务平台,促进优质资源普及和共享。

一、高校智慧图书馆建设的重要性

图书馆事业的发展是人类社会发展的一个缩影。图书馆的发展经历了曲折漫长的过程,在突破传统思维方式的基础上,不断改革,大胆创新,推进现代化、科学化的管理;从卡片目录的传统型图书馆,发展到基于资源、基于用户的数字型图书馆,最终将建设成以大数据、智能化、个性化、精细化服务为特征的智慧型图书馆。

图书馆的核心价值是以用户为中心，提高用户的满意度，为社会创造出价值增值服务。高校图书馆要提高资源的利用效率，解决读者深层次的信息需求，更好地突破高校图书馆事业发展遇到的瓶颈期问题，在资源整合、信息整合、应用整合的基础上，构建"资源、管理、服务"三位一体的高校图书馆体系架构；以数据挖掘技术、大数据技术和智慧核心技术为支撑，实现由"面向资源"到"面向服务"的转变，为学校的教学、科研提供精细化、深层次和全方位的学科服务。

现代信息技术的快速发展，使得教育资源形式多种多样，数量日益丰富，推动了图书馆资源种类、数量的快速提升，加快了数字图书馆的发展速度。但是，高校图书馆在资源整合方面，仍然存在一些管理与服务方面的问题，以至于数字图书馆资源的整合程度低，资源共享能力不足，资源利用率低，读者个性化服务难以实现等。高校图书馆要确保资源建设的完整性，才能实现较高的利用效率，保障图书馆知识服务的质量；在推行个性化服务的过程中，对用户潜在的信息需求进行发掘研究，建立一个能够让用户与图书馆之间相互交流的平台。

高校智慧图书馆建设是一个全方位、智能化，并能够处理信息管理及各类服务应用的体系，包括全部信息资源智能化体系的建设、数据资源网络运行平台的建设、融合高校图书馆全部资源和全部用户的智能化运行系统的建设。智慧图书馆可以实现从计算机自动化管理到智能化服务的飞跃式发展，对高校图书馆向质量效益型内涵式发展，发挥出前所未有的推动作用。

二、建设目标

建设智慧图书馆并不是进行简单的技术堆砌，而是从每个图书馆自身需要出发，结合自身特点，再利用物联网、信息技术等高新技术，实现图书馆的全面升级。根据国内外学者的研究，我们总结了高校智慧图书馆的建设目标主要有四个。

（一）建设一个全面感知的智慧图书馆

要通过感知系统、感知技术来获取图书馆的运行数据、用户的行为数据、图书馆外部数据等所有与智慧图书馆相关的数据，并将这些数据存储起来,对数据进行分析,这是实现智慧管理和智慧服务的基础。

（二）建设一个广泛互联的智慧图书馆

广泛互联就是将智慧图书馆的相关因素和参与方互相连接起来,既要实现人人相连、书书相连、书人相连,又要实现更高层次上的馆馆相联、网网相联、库库相联。使过去相对孤立的图书馆各个单元和服务模块有机融合,实现互联互通,创造出新的价值。

（三）建设一个开放泛在的智慧图书馆

现代图书馆强调开放,开放是其存在和发展的重要方式。开放既是指"时间的开放",即图书馆开馆的时间更长;也是指服务范围的开放,既服务于本单位、本系统的用户,也向社会公众提供服务。泛在是指图书馆的服务不仅存在于图书馆的物理场所,同时也向互联网、移动终端、社交网络平台等多场所、多维度延伸,以数字图书馆、移动图书馆、微信服务平台等形式为用户提供服务。

（四）建设一个深度融合的智慧图书馆

物联网、大数据、云计算和以5G为代表的移动通信网络等在图书馆建筑功能设计、图书馆资源建设、图书馆管理和服务等环节上应用,从而实现图书馆资源和服务与图书馆的平台和装置设备有机结合,无缝对接,为用户提供一体化、一站式的服务体验。

综上所述,高校智慧图书馆建设的目标就是要建立一个全面感知、广泛互联、开放泛在、深度融合的图书馆,图书馆的功能和框架设计也必须要围绕这一目标来执行。

三、高校智慧图书馆建设原则

高校智慧图书馆的信息服务,以数据的资源化为基础,建立数据收集、流转和服务机制。智慧图书馆的数据采集平台和分析展示平台,为每一位用户提供个性化的大数据信息服务,让每一位用户都能够共享到智慧图书馆提供的信息,提高资源的利用率。

（一）以需求为导向

智慧图书馆的建设应将需求作为导向，以高校学生的图书需求和个性化服务需要、高校的图书需求为基础，利用图书信息化实现图书信息资源的高效配置，并充分发挥其服务功能，从而凸显智慧图书馆建设为读者带来的便捷、高效、智慧、创新的感受度，使智慧图书馆建设有益于图书馆、高校以及读者三者。

（二）以人为本

图书馆经历了发展的三大阶段：第一阶段是以书为主体，图书馆服务围绕着书来展开；第二阶段是以开架和开放为特征，缩短了人与书之间的距离；第三阶段是强调以人为本，根据人的需要将各种载体的信息和知识资源集聚在可获得的空间内，突出图书馆作为第三空间的功能，促进人与人之间的交流和分享。只有超越图书、超越图书馆，才能真正实现图书馆理念上的转型。

以人为本，目前几乎在所有的领域都在提倡这个理念。可是要真正践行这个理念实属不易，服务方需要深刻地了解人的需求，并且按此来制定一揽子服务解决方案，让用户觉得方便，感到贴心、暖心，真正把服务做到人们的需求点上，真正把服务深入到日常的点点滴滴之中。

1. 满足人们对信息的需求

在互联网时代，人们可以接收的信息是海量的，但这些信息又都是杂乱的、发散性的、碎片化的。人们可以尽情享受互联网上的信息冲浪，也同时面临信息过量的困境，太多的信息量让人变得无所适从。特别是一些"手机控"，他们耗费了大量的时间和精力接受着很多无意义的信息，并且已经形成了习惯。从长远来看，杂乱的信息正在影响着人们正常获取知识、信息的能力，严重阻碍了人们对信息的消化和吸收。

高校图书馆的服务就是要改变这样的状况，让人们明白信息并不全是碎片化的，并不全是杂乱无章的，它可以是有条理的，成体系的。如何让优质资源呈现给用户？第一，要丰富"量"。图书馆要通过各种渠道来丰富数据库平台，做到应收尽收，不能遗漏。第二，要遴选"质"，图书馆必须要建立完善起一整套的价值评估体系，通过同行评议、线上评价、线下评估等手段，让有用的信息置顶，让价值不大的信息沉底。第三,要注重"联"。要将所有有用的信息进行智能化关联,形成体系,让使用者非常方便地利用好这些信息。第四,要善于"用"。就是通过各类专家学者辅以各种高新技术来帮助用户理解、利用好各种信息和知识。

要在信息上最大程度满足用户需求,图书馆系统必须要建立一支文理工融合的专业队伍。这支队伍是跨界的,在采集数据时,需要有数字化技术、网络技术的支撑,涉及版权问题,还需要法律专业知识的配合;在处理信息、知识的过程中,需要有大数据、人工智能技术的支撑,让各类信息分解、重组。还可能会采用互联网众包模式,让更多的网络专业人士加入进来,共同参与信息处理工作;在知识、信息使用时,需要有大数据、人工智能、AR/VR技术、多媒体等技术的支撑,通过对知识、信息的重新解读、诠释,让用户更加容易接受和掌握。

2. 满足人们对交流的需求

高校图书馆的功能在转型,从某种意义上来说,文献、图书已经不再是稀缺资源了,有了功能强大的图书馆线上终端,人们来到图书馆查资料、阅读图书的意愿越来越弱了,而到图书馆来进行交流、沟通、讨论的愿望却越来越强烈了。图书馆需要为人们的交流搭建人性化的平台。

交流平台应该分层次、分类别,打造线上线下互动式的平台。在互联网环境下,人们的日常交流在很大程度上已经依靠网络,但人还存在着情感诉求,这是网络空间所不具备的。因此,图书馆提供富有特色的线下交流非常有必要。

那么,高校图书馆组织线下交流应该注意哪些问题呢?

第一,线下交流应该是线上交流的延伸。图书馆要契合各学科、各专业或者各类爱好群体线上讨论交流的热点话题开展线下讨论会或者讲座,邀请学术造诣高的人士共同参加交流讨论活动,增加参加者的兴趣。第二,提供创客平台。按照各类人群的需求,提供设备和工具,动手又动脑,通过交流讨论,萌发创意的火花。第三,可以结合图书馆丰富的文献数据库,开展一些优秀资源的推介讲座,介绍一些背景知识,还可以组织一些图书馆资源使用方法、技巧的讲座。第四,可以开展图书馆信息资源的线下的价值评估活动,让用户懂得获取更高价值的信息,从而提高大家的信息素养。

智慧图书馆的建设应坚持"以人为本",基于贴近高校学生、服务高校的理念。在图书工作中利用的智慧技术必须是高校学生能够广泛使用的,这样才能为高校学生提供更加高效的服务。

(三)开放性原则

前文我们了解了智慧图书馆建设的根本目标,即建立一个全面感知、广泛互联、开放泛在、深度融合的图书馆。因此,建设智慧图书馆必须要坚持开放性原则,要保持图书馆的资源建设是开放的,图书馆的服务是开放的,图书馆的技术设备是开放的,图书馆员也是开放的。只有保持开放性,与外界交互联系,才能不断吸收其他地区、其他馆的先进经验、先进技术来为我所用。

(四)发展原则

世界上一切事物都是发展变化的,发展具有普遍性。坚持用发展的眼光分析问题,反对一成不变、静止的观点。事物发展的方向是前进的、上升的。因此,我们要对高校智慧图书馆建设的未来充满信心,支持和保护新事物,促进其持续健康稳定地发展。

新技术的发展以及信息安全环境的变化,促使高校图书馆对现有的基础设施进行升级改造、性能优化、应用拓展,以构建发达的文献资源共享网络。网络基础设施是高校智慧图书馆建设的重要保障,随着应用需求的不断扩大,对智能管理平台管理网络出口流量、集中调配和集中优化,逐步增加高校图书馆的出口带宽,实现链路负载均衡和链路高度容错,为高校智慧图书馆提供一个高效、可靠的互联网连接,为新技术的应用提供更好的基础平台。

下一代网络建设将改变传统网络架构模式,将现有的网络控制层与数据转发层分离,实现可编程的网络控制,进一步推动 IPv6 的普及和 SDN 网络架构建设。同时,结合先进的 5G 网络和通信技术,拓宽校园网的服务领域和能力,在不同高校图书馆之间做好统筹规划,保障信息的互联互通。

(五)共建共享

图书馆共建共享,是社会经济发展到一定阶段,人们对图书馆信息和服务的需求日益提高,而图书馆受到内外因素的制约不能满足其需求时,依靠其他图书馆或信息机构的资源来满足其用户的一种手段。我国的高校图书馆共建共享始于1998年启动的"中国高等教育文献保障体系"（CALIS），它是资源共建共享的成功范例，极大地改善了我国图书馆的资源状况。而在《图书馆合作与信息资源共享武汉宣言》发表后，高校图书馆区域性系统内共建共享信息资源更是加快了发展的步伐。智慧图书馆，是数字图书馆发展到最新阶段的产物，有更多的技术和方法来提供馆外服务，同时有新技术设备来接受其他馆的信息和服务。因此，智慧图书馆的建设也应符合共建共享原则。

智慧图书馆建设需要破解信息孤岛现象，逐步实现图书馆内部各部门之间、不同图书馆之间、图书馆与其他机构之间的资源共建与共享。旧的管理机制需要不断地改革、创新以适应不断变化的用户对图书馆的信息需求，所需要的组织、制度、标准等的建设和创新也要持续进行。

智慧图书馆的建设需要利用通信网络基础设施，并制定科学统一的图书数据标准体系，构建有利于馆室发展的图书管理平台和图书公共服务平台；综合协调，推进管辖范围内跨地区图书馆信息资源的纵向集成与跨部门图书信息资源的横向集成，切实推动图书信息化协同应用，让图书信息资源在不同部门、不同地区的系统中自由流通，真正实现图书信息资源的共建共享。

（六）技术前瞻性原则

智慧图书馆之所以"智慧"，是因为借鉴和应用了一大批先进的技术，特别是现代信息技术、物联网技术和云计算技术等，智慧图书馆必须保持技术的先进性、适用性，才能从根本上适应图书馆发展的要求，进而符合用户对图书馆服务不断提升的需求。

（七）统筹规划

依据智慧图书馆建设的先后顺序和相互关系作出统筹安排，以反映任务全过程，实现管理过程的模型化。对各项工作任务涉及的人、财、物等，通过制定严密的计划作出合理安排，找出计划中的关键步骤和关键思路，从而得到合理方案并付诸实施。此外，还要对智慧图书馆建设的各种评价指标进行分析，在计划实施的过程中，进行有效的监督与控制，以保证优质优量地完成建设目标。

智慧图书馆建设是一个长期的过程，涉及高校图书馆的方方面面，需要有整体的考虑和长期的规划；在统筹规划的基础上，分阶段、分层次、有步骤地推进。在智慧图书馆的建设过程中,对数据的标准、设备端接口的选用、数据交换共享和资源建设等方面,做到标准统一、流程规范;对智慧图书馆中的数据冗余、设备稳定、软件系统应用,保证其运行稳定;对信息化环境和网络应用复杂的环境尤为重视;对物理层面、操作系统层面、数据资源、网络方面的安全等统筹考虑,最终实现高校智慧图书馆的建设目标。

智慧图书馆是对数字图书馆的升级,在建设数字图书馆的基础上开展统筹规划,重视系统工程的建设,在政府部门提出的智慧政务的整体框架和基本要求下,有效整合智慧图书馆建设和地区智慧政务,从整体出发,制定全面布局和阶段规划,使智慧图书馆的建设能够成为一个系统,综合集成资源,达到效果最佳化,让图书管理工作的各个流程能够实现高度智慧化。

建设智慧图书馆时,图书馆工作人员应随时保持跟进,遇到问题要及时解决。在必要的情况下,需要根据信息系统建设规范的要求,实行监理机制,对智慧图书馆项目的建设进度、安全措施、质量保障等进行全过程监理。

(八)因地制宜

在数字图书馆建设阶段,各地的数字图书馆建设极为不平衡,因此在数字图书馆建设基础尚进行的智慧图书馆建设也必须要根据各地的不同情况开展。尽管建设智慧图书馆是一件利国利民的好事,但是不能不顾前期基础和建设的大环境而盲目启动。需要结合当地的经济发展水平、地理区位条件、信息化基础和实际需求等情况,做好智慧图书馆项目的前期论证、调研。

各地在智慧图书馆的建设过程中,应充分分析自身特色、确定建设重点,找准突破口,注重实效。如果图书的收集难度较大,则应注重图书智慧收集建设,如果在图书馆的监控方面需要加强,则应注重图书馆智慧监控建设,如果在供图书利用上供不应求,则应注重图书馆的智慧服务。

(九)强化安全

图书实体及内容的安全无论是在传统、数字、智慧图书馆阶段都是图书馆的核心工作之一,安全是所有其他部分工作的基础和大前提。在智慧图书馆建设过程中,图书、图书馆的安全更是重中之重。对于安全问题,应从两个角度来看,一是在管理和技术两个层面确保智慧图书馆可管可控,二是注重智慧图书馆中的智慧监控建设来强化图书信息安全。

强化图书馆管理工作的安全问题,需要加强网络和信息安全管理,实行责任制和图书信息安全等级保护制度,对管理人员进行安全培训,合理完善网络和信息安全体系,加强依法管理网络和保护个人信息,建设"政务云""图书云"并进行管理,加强图书馆核心管理系统的建设,采取相应的安全保障技术方法,配备必要的软硬件设施,完善图书备份灾难恢复服务机制,确保图书的真实、完整、可用与安全。

(十)协同创新

智慧城市建设早已成为当今城市化建设的发展趋势,政府部门大力提倡智慧城市建设,加大在该方面的资金投入,并投入技术支持。在这一发展背景下,各地图书馆也应开展智慧图书馆建设来推进智慧城市建设,一方面,这能为图书馆建设赢得智慧城市的专项资金支持;另一方面,图书馆可以使用智慧城市中智慧政务的基础设施,如"政务云"。这样便能够缓解智慧图书馆建设过程中的资金问题。

智慧图书馆融入智慧城市建设,图书信息化与城市化发展协同发展,也能推动图书管理服务的创新,特别是在图书信息资源为城市发展提供数据服务与公众个性化服务的层面。

第四节 高校智慧图书馆的框架设计

在总结国内智慧图书馆的项目案例后,我们对智慧图书馆的要素、框架设计及其建设目标和原则有了相对清晰的认识,本节我们将根据高等院校的具体特点,以及高等院校图书馆的定位与功能,并结合国内智慧图书馆项目经验,设计一套适合高等院校的智慧图书馆系统框架,并对它的内部要素进行分析。

一、高校智慧图书馆框架

高校智慧图书馆的理念是用户在哪里,图书馆的服务就在哪里,用户无论在何时何地都可以获取图书馆的服务,甚至在用户可能还没有意识到时,就已经获取图书馆的资源或者分享到了图书馆的服务。

高校图书馆的用户主体是全校师生,此外,还有可能为校外用户提供信息服务。高校智慧图书馆的框架根据其定位,可分为技术层、资源层、应用层和支撑保障体系。

(一)技术层

技术层是整个智慧图书馆的基础支撑,包括感知层、网络层和平台层。技术层使图书馆的人、建筑、环境、设备设施以及图书等具有了智能。

1. 感知层

感知层位于技术层的底部,主要解决人类世界和物理世界数据获取问题,实现图书馆中人与各种物体的通信,其建设成效直接关系到智慧图书馆建设的成败。

感知层是智慧图书馆建设的基础,是智慧图书馆整个技术体系的起点,它通过物联网技术、射频识别技术、互联网技术获取相关数据,是建设智慧图书馆的第一层,通常包括声音影像监控终端、传感器终端、图书管理系统、射频识别终端等。感知层将收集到的数据转化成数据库的数据,为智慧图书馆建设奠定坚实的数据基础。

感知层的主要功能是利用传感器、RFID、摄像头、条形码等传感设备和技术获取物体的信息,实现对图书馆的人和物的全面感知,并通过传感网络为图书馆智慧管理和服务提供基础信息。

感知层的感知对象主要包括人和物两方面。人是指图书馆员和图书利用者;物是指图书馆的建筑、设施设备、馆藏图书和环境等。

感知层的感知内容是根据采集对象,使用不同的传感技术和设备,采取相应的方式进行智能自动感知和数据采集。概括起来有身份感知、位置感知、环境感知等。

2. 网络层

网络层位于技术层的中部，是技术架构的中间环节，是连通感知层和平台层、技术层与应用层的桥梁。

它是智慧图书馆的神经网络，将感知层收集到的信息利用网络通信技术传送到数据存储层，数据传输主要通过互联网、物联网、内部局域网、移动通信网等传播手段传输数据。通信所需要的物联网技术发挥作用需要相应的信号接收设备以及图像声音采集设备，在该层级上需要在图书文件中配备射频识别终端，在信号传播时需要采用传感器，而针对图书存放地区的监控则需要部署多媒体监控设备。此外，传感和射频信息的接收也需要相应的设备提供支持。

网络层的主要功能是负责数据的传输。网络层将智慧图书馆各层联结起来，形成一个数字传输、共享和发出指令、作业传递的通道。通过感知层所采集到的图书信息和相关数据需要网络进行传输，而不同的信息则需要不同的网络形式提供支持。在信息处理方面，泛在的、多层级网络的搭建使得数据能够通过不同的方式传递到图书馆的服务器中，通过云计算和大数据等相关技术能够对图书的调度、使用、内容更新等信息进行跟踪和分析，在此过程中形成的数据对于优化图书管理，提出相应决策来说是大有裨益的。

3. 平台层

平台层位于技术层的顶层，解决的是信息处理的问题，通过各种信息技术的应用，形成应用层需要的信息、指令、知识等，为应用层提供支撑。

平台层的主要功能是由数据中心对各种来源的海量数据进行安全管理。借助现代信息技术，开发各种应用模板，实现对图书馆人和物、各种应用、系统、能力、引擎、资源以及数据的管理，构建满足利用需要的各种能力引擎。

平台层是智慧图书馆建设中的第三层，它将通过感知层获取的大数据经由通信层存储到相应的存储器中，以备日后的分析和应用。在平台层中，智慧图书馆获取的数据被重新分类和整理。平台层是整个智慧图书馆处理流程的中转层，是数据处理的过渡。平台层是一个主要的数据资源库，感知层获取的数据经过数据通信层的传送，最后保存在数据存储层的数据库中。

平台层的建设重点是物联网技术的智能化识别、定位、跟踪、监控和管理在图书管理中的应用,实现图书信息管理与内容管理、实体图书与电子图书的一体化和交互化管理,达到图书管理的集约化、高效化、精细化、动态化和智能化,并通过信息整合、数据挖掘分析等技术的应用,提供图书资源,满足社会各方面的服务需要。

高校智慧图书馆总控平台全面掌握图书馆所有的资源,对所涉及的图书馆系统、文献信息资源、读者等进行统一全面的管理。其中,大数据应用支撑平台,通过大数据技术,多维度深度分析,挖掘各环节有价值的数据,为高校智慧图书馆的建设及用户服务提供强有力的决策与支撑。读者服务云平台,通过"云"系统,基于"云"的图书馆服务,通过多元化的方式为用户提供服务,实现读者与图书馆的交流互动。

(二)资源层

资源层为智慧图书馆提供内容资源,是组成智慧图书馆的"血液和肌肉"。

1. 数据层

数据层提供智慧图书馆所需的各种数据,包括原生数据(图书馆原有的或购买的数据)和再生数据(图书馆各个主体在使用图书馆过程中产生的数据),主要有馆藏结构化数据、馆藏非结构数据、馆外资源数据、用户行为数据、管理行为数据和感知系统数据。

2. 资源层

资源层提供用户所需的各种资源,这是智慧图书馆信息资源的主体。包括馆藏印本资源、馆藏数字资源、数据库资源、馆外信息资源、多媒体资源和数据资源(学术数据资源)。

高校智慧图书馆着重解决资源与用户的融合,分别建立数据融合、平台融合和服务融合体系。

(1)数据融合也称信息融合,融合方法有基于语义的融合、基于主题的融合等,元数据的建立是对数字资源进行重新组织、加工、开发和创造新知识的过程,实现数字资源之间的自动联结,解决资源分散和重复建设的问题。同时,也能发现数字资源之间的潜在关联,从而创造新的知识和价值。

（2）基于平台融合，通过应用层面的逻辑关联来实现无缝实时的集成，对高校图书馆不同业务部门以及用户提供不同信息资源服务时，用户所需要的数字资源都会实时传输到相关数据库中。

（3）基于服务的融合，按用户的个性化特定需求，将有关联的数字资源融合，便于用户检索与获取与某一主题相关的所有资源，提供定制服务等。

（三）应用层

应用层是智慧图书馆建设的主体，经过感知层、网络层、平台层处理的数据信息只有应用到智慧图书的服务中去，智慧图书馆的作用才能发挥出来。应用层主要包括图书检索、图书阅读平台和图书检索中心等。智慧图书馆的功能是对图书信息资源的保管和利用。通过基于物联网技术的感知，智慧图书馆具备了比数字图书馆更加智能的功能。

应用层位于智慧图书馆的顶部，面向终端用户提供人机界面，是智慧图书馆的"工作分工"。它通过整合各个子应用构成一个扁平的应用网络体系，实现各业务应用在数据和业务层次进行不同程度的整合，实现各种应用之间的互联互通和智能处理。

1. 智慧管理体系

智慧管理体系是基于物联网技术融合数字图书馆管理系统，形成对图书馆数字图书信息、人、物、实体图书、环境、安全（建筑安全和图书安全）等进行有效管理的高度集成的一体化的应用平台，为各项工作的高效开展提供保证。

2. 智慧服务体系

智慧服务体系是图书馆"智慧"的呈现，是以图书信息资源开发利用与共享为核心，实现新信息技术支撑下的泛在、便捷和跨时空服务。

（1）智慧服务体系的建设途径。

通过加强基础数据资源、图书信息资源建设，借助互联网、通信网、泛在网等技术，整合图书信息资源为民众提供无处不在的公共服务。

（2）智慧服务体系的建设目标。

使智慧图书馆最终融入智慧城市的公共服务体系之中，从而推动图

智慧图书馆建设与应用实践

书馆与社会部门间的信息共享和业务协同，深度开发和高度整合图书信息资源，满足社会各方面的需求。

（3）智慧服务体系的服务能力。

内涵更加丰富，其服务方式、服务内容、服务能力等都在数字图书馆服务体系基础上得到了提升。

图书馆虽然是公益机构，但现代图书馆特别是高校图书馆也有一些面向用户深度需求的服务，特别是面向系统外用户的深度知识服务，因此，智慧图书馆也会有合作客户。

（四）支撑保障体系

高校智慧图书馆的支撑保障体系包括制度保障、人力资源保障和智慧产业的支撑体系。

（1）制度保障体系建设包括政策法规、相关的制度标准等建设。

以智慧城市建设为背景，加强对智慧图书馆政策法规的研究，研究智慧图书馆的制度、规范以及技术标准，解决在智慧图书馆数字资源复杂性、差异性背景下，确保资源的共享交互及其与智慧城市的协作。

（2）人力资源保障体系包括建设者和利用者。

智慧图书馆建设需要多层次、多专业的建设人才，既需要精通图书业务工作的图书专业人才和能熟练掌握智慧图书馆各种应用的使用者，能利用智慧图书馆提供的各种应用，全面管理实体图书馆的应用型人才，更需要既懂图书专业又懂现代信息技术，能站在智慧城市的角度，瞄准社会发展的前沿，充分应用现代信息技术创新图书工作，开发图书信息资源更好地为智慧城市服务的复合型人才。同时，智慧图书馆要有意识地培育智慧的利用者，智慧的利用者反过来会促进图书馆的建设，能使智慧图书馆的"智慧"转变成大众的智慧。

（3）智慧产业支持体系是智慧图书馆建设水平、运营维护、可持续发展的一个不可或缺的支撑体系。

基于物联网技术的智慧图书馆建设是一个建立在信息技术、通信技术支持上的服务体系，其基础设施建设、运维，各应用系统的开发、集成，数据的存储，信息安全的保障，以及智慧图书馆建设应用解决方案、规划、项目建设方案等都需要物联网制造商和信息产业服务商提供技术支持。

二、智慧图书馆应用系统建设

应用系统是图书馆的窗口,是直接面向一线服务的平台,是满足智慧图书馆参与主体的应用需求和支撑智慧图书馆各项业务开展的重要保障。智慧图书馆的应用系统应当传承数字图书馆、虚拟图书馆等原有的系统,又应当在技术创新和服务创新的基础上发展新系统、新模式。

(一)智慧感知系统

智慧感知系统是智慧图书馆的基础应用系统,通过各种感知手段获得各种感知数据,并应用于实际业务的运作。它又包括图书馆运行状态感知系统和智慧环境感知系统。

1. 图书馆运行状态感知系统

利用电子显示屏、感应器、电子摄像头和互联网、移动通信网络等软硬件设备,来实时监控图书馆运行情况,并及时传递和接收信息,主要包括图书馆人流量信息、读者到馆信息、图书期刊借还信息等,系统能够根据一定时间内用户使用图书馆资源和服务的信息,及时计算并做出反应,方便图书馆进行资源建设和读者服务工作的调整。

2. 智慧环境感知系统

主要是利用物联网技术对图书馆各个功能空间以及图书馆分馆馆舍空间进行实时的环境监控和感知。包括对光照、温度、湿度、烟雾、声音等进行监测,及时返回数据,以供图书馆管理中控系统及时对环境变化做出应对。

(二)智慧资源系统

智慧资源系统是智慧图书馆存在的根本,是智慧图书馆的最重要的内容。为促进资源共享,图书馆馆藏中低成本的纸质文献,应转化为计算机扫描全文电子文献,这其中还要借助大容量存储技术、全文扫描技术和多媒体技术,扩大使用范围。数据库结构应该是购买和构建自己的组合。除了有计划地选择某些数据库资源外,还必须创建某些数据库。对于图书馆来说,数据库结构基本上是一个书目数据库和一个符号数据

智慧图书馆建设与应用实践

库。书目数据库是图书馆信息资源开发的数据库,是图书馆网络化和自动化的支柱。这直接关系到在线编目和统一目录数据库的开发,特别重要的是外文期刊统一目录数据库。

另外,特色数据库是图书馆特色资源的集中反映,是图书馆充分展示其个性,提高其社会影响力和信息服务竞争力的核心资源。图书馆可根据本馆馆藏优势,了解社会的需求,选择适合的主题,集中技术力量制作独具特色的专题数据库,提供上网利用,为本地区,乃至全国更大范围的用户提供服务。

（三）智慧管理系统

智慧管理系统的应用主体主要是图书馆管理者和图书馆馆员,智慧管理系统通过各种高新技术,并结合图书馆发展和自身业务需求,推动图书馆管理的智慧化。主要包括以下几种子系统。

1.RFID 系统

无线射频识别（Radio Frequency Identification, RFID）是一种通信技术,可通过无线电信号识别特定目标并读写相关数据,而无须识别系统与特定目标之间建立机械或光学接触。

目前,常用的基于条码的图书管理系统,必须找到条形码所在位置,才能通过条码扫描装置读取图书的信息。将 RFID 标签应用于图书馆管理中,能够节省超过一半以上的操作时间,还便于全面控制图书的处理流程,包括借出、归还及产品盘存等;配合其他设备,还可以提供全自动化的自助借还及防盗服务。

基于 RFID 技术的图书馆管理系统,可以划分为七个子系统：注册子系统、用户注册子系统、借出/归还子系统、防盗子系统、管理子系统、用户查询子系统和统计子系统。

RFID 大大地提高了资料处理能力,只需通过一个简单的单一操作就可快速、准确地完成资料流通过程。

（1）简化了借还书流程,提高了流通效率。

现有的借还书流程仍然需要人工打开图书扉页并找到条码位置,然后才能扫描条码。这样的操作流程仍然较为烦琐,借还书效率比较低。同时,条码容易破损,这样不仅会影响借还书效率,而且会影响读者对图书馆的满意程度。

（2）大幅降低了图书盘点和查找工作量。

引入先进的 RFID 图书盘点工具和方法,可实现图书盘点的自动化或半自动化。RFID 非接触、远距离、快速读取多个标签的特点,使盘点工作简单有效,RFID 实现了轻松盘点和顺架等功能;上架时可以根据书库图形化路线指示馆员按正确位置摆放馆藏。

（3）改善了借阅管理和安全防遗漏流程脱节的情况。

RFID 系统对现有的管理系统进行改进,将防遗漏系统与图书流通管理系统联系起来,记录每本图书的进出库情况,从而可以与借还书的历史记录进行匹配。

（4）提高了图书馆工作人员的工作满意度。

图书馆 RFID 系统可以弥补管理上的缺陷,同时把图书馆工作人员从图书馆日常繁重的重复性劳动中解放出来,主要体现在以下几个方面。

① RFID 技术大大减少了流通工作量,剩余的流通工作也是配合 RFID 技术的自动化工作,这样大大提高了流通馆员的工作积极性和精神面貌。

② RFID 技术解放了大批流通馆员,使他们可以从事其他的高级的咨询工作,如进行流动服务,举办讲座、展览、培训等。

③ RFID 技术使图书馆工作人员的主要工作从流通转向咨询,有助于图书馆提升人员素质,吸引更多的专业人才加入,有助于图书馆其他服务工作质量的提高。

（5）提高了读者满意度。

随着全社会成员服务意识的不断增强,读者对图书馆的服务要求也越来越高,图书馆需要迫切提升服务水平,提高读者满意度。

图书馆采用 RFID 系统可以给读者带来的影响主要有以下几点。

①避免排队等候,更方便、更快捷。

②更长的图书馆开放时间。

③保障隐私性、选择性和独立性。

④高科技带来的全新感受。

2. 智能定位系统

传感器网络部署在图书馆室内空间,具有位置感知能力。通过室内外位置传感网构建定位场,待定位目标与定位场相互作用,位置服务网关（LBS-GW）获取相关信息后，由实时定位引擎（RTLS）计算产生待定位目标的位置信息。

定位设备分为手持终端和蓝牙信号发射基站两部分。手持终端被定位人员携带即可，蓝牙信号发射基站将被有序地部署在图书馆各层的阅览室、书库、自习室和报告厅等场所。最终需要根据定位效果确定以及调整蓝牙信号发射基站部署规模。

室内地图语义指事先已在 Oracle 数据库存储的地图数据库信息，主要为地图属性，例如门是可通过的，窗户是不可通过的。然后可以方便地将存储在服务器数据库中的语义数据提取出来加以使用。

LBS 提供的与位置相关的服务如下。

（1）实时定位与服务推送。

空间位置感知设计目标是当读者持智能手机进入图书馆时，打开导航 App，显示读者的空间位置。当读者经过某个设施的附近，系统界面下方将会自动推送该设施的相应介绍和使用状态。

（2）智能书籍检索。

在书籍检索界面输入图书名搜索图书时，系统界面会显示书籍所在的位置，并引导读者至相应馆区，实现高效的书籍检索服务。

（3）馆区导航。

系统能够将用户导航至图书馆中，当读者使用导航时，选择想要到达的馆区，系统界面即可显示到达该馆区的导航路径。

（四）智慧学习系统

智慧学习系统主要是网络学习平台，是一个包括网上教学和教学辅导、网上自学、网上图书馆技能学习、网上学生培训学习、网上师生交流、网上作业、网上测试以及质量评估等多种服务在内的综合教学服务支持系统。

慕课（MOOC），即"大规模开放的在线课程（Massive Open Online Course）"是一种在线课程开发模式。智慧图书馆用户可以通过网络学习平台在线接受慕课教育，这种模式把其他学校优质的教学资源与图书馆优秀的在线平台结合起来，从而更好地为用户提供服务。

1.MOOC 对于高校图书馆管理服务工作的影响

MOOC 出现后，大学教育模式发生了系统的变化。同时，也为内部图书馆的教育职能、信息资源和服务模式的创新与发展提供了良好的机遇。具体内容如下：拓展了高校图书馆的教育职能。图书馆历来被视为高校文献信息中心的枢纽，是高校和社会信息化建设的基础。它不仅保留了信息资源存储与传输、信息产品开发与设计、信息娱乐和网络导航服务的功能，而且有助于教师更好地教学，学生更高效地学习。

2.MOOC 环境下高校图书馆的角色定位

MOOC 的兴起给高校图书馆带来了新的发展机遇，也为高校图书馆员实现自我价值创造了契机。图书馆将在MOOC环境中发挥重要作用，并发挥以下作用。

（1）MOOC教育的推动者和推动者。

MOOC 和图书馆的共同点是提倡教育资源的开放和共享。高校图书馆作为教学科研的重要辅助部门，应成为MOOC的积极宣传者和推动者。高校图书馆拥有专业的信息服务人才，先进的技术和设备，以及丰富的资源和信息服务经验。这些优势为图书馆宣传和推广MOOC提供了便利。图书馆应主动与出版商协商，协调各方利益，获得版权和内容的开放许可。

（2）信息资源导航。

在MOOC教学模式下，用户要求图书馆为他们提供更专业、更全面、更有价值的信息资源。图书馆在信息的筛选、收集和整理方面具有绝对的专业优势，在信息资源的导航中发挥着重要作用。

图书馆员可以有序地整理各种信息，找到有价值和可用的资源供用户学习和搜索。对于教师而言，图书馆可以为其MOOC教学提供相关参考文献、书刊等基础文献资源；针对用户在使用MOOC时遇到的各种问题，图书馆可以为用户提供文献资源搜索、软件工具应用、最新资源推荐等服务，确保用户能够正常使用MOOC。此外，对于非高校的MOOC用户，图书馆可以通过建设MOOC课程资源数据库，为用户提供一站式的信息检索，方便校外用户查找资源，引导用户合理选择资源，帮助用户提高获取资源的能力。

（3）信息版权顾问。

在MOOC环境中，任何人都可以参与学习并获得课程资源。同时，提倡学习者的知识共享，并使用信息推送工具推荐相应的学习资源。然而，虽然教育资源是开放和共享的，但与传统课堂相比，在线教学形式

智慧图书馆建设与应用实践

有更严格的版权限制。如何解决 MOOC 环境下教学与资源利用之间的矛盾，避免版权纠纷，已成为高校图书馆面临的新课题。

国内图书馆可以借鉴国外图书馆的实践经验。在参与 MOOC 教学的过程中，不仅要满足教师和学生对信息资源的需求，还要为他们提供必要的法律咨询、版权保护建议等服务，以便及时发现、澄清和解决 MOOC 课程中的版权风险。图书馆应积极引导师生合理使用 MOOC 资源，避免版权纠纷。通过制定 MOOC 版权指南，它可以引导用户正确使用文本、图片、视频和其他资源。当用户需要使用未经授权的资源时，图书馆应主动与出版商协商，协调各方利益，并获得版权和内容的开放许可。

（五）智慧馆员系统

随着服务理念的转变，智慧图书馆必须加强自身的内部管理。加强馆员职业技能培训，传授馆员职业技能和资质。图书馆应制定规则和条例，以促进智慧图书馆能力的使用以及信息资源的开发和创建，从而智慧使图书馆资源系统各部分的功能相互联系、相辅相成，实现系统的动态平衡，提供跨领域的高质量文档数据服务。

（六）智慧社交系统

信息技术飞速发展，在改变人们的生产方式的同时，也在不断变革人们的生活方式。尤其是在大学生人群中，移动社交功能应用越来越普遍，学生之间联系的桥梁由以前的打电话、发短信逐渐变为利用微信等手机应用来实现。具备强大的智慧社交功能既是智慧图书馆建设的重要目标，也是迎合新一代读者发展需要的必然选择。智慧社群系统的建设要以"为读者提供融学习、社交和娱乐于一体的城市空间"为基本理念，结合 O2O（线上到线下）融合发展的思路，为读者提供全方位支持。

三、高校智慧图书馆的建设

（一）建立安全防护机制的云数据中心

数据中心是高校智慧图书馆业务系统与数据资源集中、集成、共享、分析的平台。在数据中心的基础设施层面，包括了服务器、网络、存储和整体 IT 运行、维护、服务等一系列的软硬件设施，是高校智慧图书馆的重要运行平台。

云计算技术为传统的 IT 基础设施、应用、数据以及 IT 运营管理带来了根本性的改变,对于信息安全管理既是机遇也是挑战。作为云计算新技术的应用,引发了新的威胁和风险,进而也影响了传统的信息安全保障体系和运维管理体系。如网络与信息系统的安全边界的划分和防护、安全控制措施的选择和部署,安全监测和安全运维等。同时,云计算的资源弹性按需调配,高可靠性及资源集中化等特点有利于安全防护,推进了安全服务内容、安全应用设计的实现,加强安全运维和管理,促进安全防护的创新和发展,拟构造具有安全防护机制的云数据中心。

(二)高校智慧图书馆平台建设

高校图书馆利用"互联网+图书馆"进行服务的转型升级,是目前图书馆研究领域的一个热点。高校智慧图书馆基于物联网的体系架构,整个系统分为感知、检测、传输层的应用,具有信息感知、信息传输、信息控制以及相关软、硬件资源整合,为每一位用户提供个性化服务。

高校智慧图书馆通过物联网技术、云计算技术和智能感知等技术,构建成一个智慧学习平台。该平台是数字资源和智慧化服务的有机结合,线上与线下的联结,学习平台实现用户对信息资源的自由获取和共享。

高校智慧图书馆平台的建设,有利于图书馆信息资源和物联网技术的无缝结合,改变传统图书馆的服务内容和模式,提高资源的利用率,实现个性化服务,具有举足轻重的现实意义。

(三)高校智慧图书馆的综合服务

信息化建设是一个不断满足信息化用户新的需求和不断完善的过程。服务化是引领教育信息化继续发展的建设思路,高校智慧图书馆服务化借助信息技术和通信手段,为用户提供全新的体验。教育信息化向服务化的发展不仅是一个目标,更是一个持续不断转型的过程,它不仅是新技术的应用,更是服务创新理念的更新发展。

数据服务体系是高校智慧图书馆发展的数据基础,以数据的资源化为基础,建立数据收集、整理、组织和服务的机制。通过数据采集平台和分析展示平台,开展大数据信息服务。数据服务体系在高校智慧图书馆建设中,既是高校智慧图书馆应用建设和运行的重要基础,又是信息用户获取服务的前提。

随着信息技术的不断创新,高校智慧图书馆不断推进应用系统的建设、优化和更新。高校图书馆业务集成系统建设,使各项业务实现信息化,并整合各类数据库、集成应用系统等,迁移至虚拟化"云"平台,提高智慧图书馆的信息化管理和服务水平。

第三章 智慧图书馆资源建设

　　图书馆的资源是图书馆一切工作的前提，是图书馆最核心的"产品"，在图书馆工作中处于重要的地位。智慧图书馆建设离不开智慧图书馆中所存储的资源，包括印本资源、数字资源、多媒体资源、数据资源和开放信息资源在内的众多资源类型，共同构成了智慧图书馆的资源体系。

　　本章将对智慧图书馆的信息资源建设进行论述，重点了解智慧图书馆中都有哪些类型的信息资源，它们是如何被图书馆选择和组织的，以及智慧图书馆资源建设的一些策略。通过本章的研究，便于我们更好地认识智慧图书馆中的信息资源，使其成为构成智慧图书馆体系的完整闭合的一环，也为其他章节的研究奠定基础。

第一节　智慧图书馆中的信息资源

一、信息资源

信息资源的类型，按照开发利用的实用性原则，信息资源可分为潜在的信息资源和现实的信息资源两大类。

1. 潜在的信息资源。指个人在学习、认知和实践过程中储存在大脑中的信息资源，其特点是只能供个人使用。

2. 现实的信息资源。人类获取并表述出来的、能为公众利用的信息资源。这是我们研究、开发和利用的重点。

依其载体的不同，现实的信息资源可分为四种类型：

1. 体载信息资源，即以人体为载体并能为人识别的信息资源。按其表述方式又可分为口语信息资源和体语信息资源。前者是人类以口头语言表述出来但未被记录下来的信息资源，如谈话、授课、讲演、讨论、唱歌等；后者是以人的体态表述出来的信息资源，如表情、手势、姿态、舞蹈等。

2. 文献信息资源，即以文献为载体的信息资源。依其记录方式和载体材料又可分为刻写型、印刷型、缩微型、机读型、声像型五大类。

3. 网络信息资源，即以计算机技术、通信技术、多媒体技术相互融合形成的网络上可查找到的资源。按交流方式可分为非正式出版信息、半正式出版信息和正式出版信息。

（1）非正式出版信息流动性、随意性强，量大且质量难以保证。

（2）半正式出版信息又称"灰色"信息，指受到一定产权保护但没纳入正式出版信息系统中的信息，如各种学术团体和教育机构、企业和商业部门、国际组织和政府机构、行业协会等单位介绍宣传自己或基于描述性信息。

（3）正式出版信息是得到产权保护、质量可靠、利用率高的知识性、分析性信息，用户可通过网络查询。

4. 实物信息资源，即依据实物的人工与天然特性又可分为以自然物质为载体的天然实物信息资源和以人工实物为载体的人工实物信息资源(如产品、样品、样机、模型、雕塑等)。

信息资源是一个发展着的有机体。随着科学技术发展,新的类型会不断产生,应及时吸纳、充实,以保持信息类型与其定义的一致。

当前,智慧图书馆建设除了要满足用户通过智慧图书馆获取泛在服务外,还应存储一定量的纸质馆藏。这是因为,智慧图书馆虽然依托智慧化的技术,构建了智慧化的管理和服务系统,从而提供智慧化的服务,但大部分智慧图书馆同时承载着传统图书馆的功能,图书馆具有收集和保存人类文化遗产的职能,所以智慧图书馆也必须保存一定量的纸质文献。除此以外,智慧图书馆应不遗余力地去开发数字资源、多媒体资源等,这也是智慧图书馆的性质和特点所决定的。智慧图书馆中存储的资源主要有印本资源、数字资源、多媒体资源、数据资源和开放信息资源等。

二、信息资源的类型

图书馆信息资源的类型多样,因为内容和性质的不同,各文献类型在出版时间上是有先后顺序的:期刊因为品种多、容量大、速度快,是许多论文的首发渠道;学位论文、会议文献、科技报告和专利文献,由于需要满足一定的特殊要求,尽管报道速度也较快,但发表的数量非常有限;题录、目录和文摘,由于需要客观报道一次文献的主要内容,略后于期刊和专利文献、科技报告、会议文献;图书、综述和百科全书,因为需要在大量一次文献的基础上做评论或汇编成册,所需出版周期最长。

(一)图书

图书的主题突出,知识系统全面,是读者阅读的主题资料。它可分为两类:一类是供阅读的著作,另一类是供查考的工具书。图书是印本资源的主要组成部分,在馆藏资源中占据了绝大部分体量,也是除数字资源外获得资源建设经费最多的资源类型。工具书是研究学科或领域必不可少的工具类书籍,一般为学校或科研机构的教学科研活动所使用,在图书馆馆藏中使用频率较低,但学术价值很高。

(二)连续出版物

连续出版物,这是一种具有统一名称、固定版式、统一开本、连续编号,汇集多位著者的多篇著述,定期或者不定期编辑发行的出版物。

期刊就是一种连续出版社,又名杂志,是从英文"magazine""periodical""journal"三个词翻译过来的,一般是指出版周期相对固定,有固定的名称,有卷期或年月标志,围绕某一主题、某一学科或某一研究对象,汇集多位作者的多篇文章、资料或线索,由专门的编辑机构编辑出版的一种连续出版物。按照期刊反映的内容,期刊可以分为学术性期刊、政论性期刊、行业性期刊、资料性期刊、检索性期刊、报道性期刊、评述性期刊、通俗性期刊和文学艺术性期刊等种类。期刊的时效性较高,一般期刊出版社会定期出版,学术期刊的学术价值比较高,在学术研究中有极高的地位。

报纸比期刊的出版频率高,大部分报纸为一天一期,其信息新颖性高,但大多以新闻性信息为主,也有部分报纸为休闲娱乐类,丰富读者的业余文化生活。

(三)特种文献

特种文献是指出版发行和获取途径都比较特殊的科技文献,特种文献一般包括会议文献、科技报告、专利文献、学位论文、标准文献、科技档案、政府出版物等。特种文献特色鲜明、内容广泛、数量庞大、参考价值高,是非常重要的信息源。高校图书馆收藏的特种文献一般有会议文献和专利文献。特种文献是出版形式比较特殊的科技文献资料。除此以外,一些高校图书馆的印本资源还包括专利文献、标准文献等特种文献,它们也具有较高的收藏和学术价值。

1. 专利文献

狭义的专利文献是指由专利部门出版的各种专利出版物,如专利说明书、权利要求书;广义的专利文献还包括说明书摘要、专利公报以及各种检索工具书、与专利有关的法律文件等。

专利文献是包含已经申请或被确认为发现、发明、实用新型和工业品外观设计的研究、设计、开发和试验成果的有关资料,以及保护发明人、专利所有人及工业品外观设计和实用新型注册证书持有人权利的有关资料的已出版或未出版的文件(或其摘要)的总称——世界知识产权组织1988年编写的《知识产权教程》,通常指各国专利局的正式出版物,包括专利说明书、专利公报、专利文摘、专利索引和专利分类表等。

2. 标准文献

标准文献是指经公认权威机构（主管机关）批准的一整套在特定范围（领域）内必须执行的规格、规则、技术要求等规范性文献。其中主要为工业产品和工程建设的质量、规格和检验方法等的技术规定文件。

3. 会议文献

会议文献是指在学术交流会议上用于学术讨论、交流的资料和文献的总称。会议文献内容新颖，传递信息比较及时，学术价值比较高。会议文献多产生于国际或国内重要的学术或专业性会议的论文、报告及有关文件。会议结束后，通常会将这些会议文献结集出版，如会议录、会议论文集、会议论文汇编等。由于没有固定的出版形式，会议文献一般刊载在学会协会的期刊上，作为专号、特辑或增刊，或者发表在专门刊载会议录或会议论文摘要的期刊上。

4. 科技报告

科技报告是 20 世纪 40 年代以后大量出现的一种文献形式，又称研究报告、技术报告或报告文献，是记录国家、政府部门或科研生产单位关于某项科学研究的阶段进展报告或研究成果的总结报告。如工作报告、会议报告、实验报告、调查报告、科技报告等。

5. 学位论文

大部分高校图书馆具有保存本校学位论文的功能，学位论文具有较高的学术价值，尤其是硕士、博士学位论文，体现了学生研究生阶段的学术研究水平，一般学位论文会花费 1~3 年的时间来完成。

（四）开放存取资源

开放存取（Open Access，OA）或开放获取是国际学术界、出版界、图书情报界为了推动科研成果，利用互联网自由传播而采取的行动。其目的是促进科学及人文信息的广泛交流，促进利用互联网进行科学交流与出版，提升科学研究的公共利用程度，保障科学信息的保存，提高科学研究的效率。开放存取是在基于订阅的传统出版模式以外的另一种选择。这样，通过新的数字技术和网络化通信，任何人都可以及时、免费、不受任何限制地通过网络获取各类文献,包括经过同行评议过的期刊文章、参考文献、技术报告、学位论文等全文信息,用于科研教育及其他活动,从而促进科学信息的广泛传播、学术信息的交流与出版,提升科学研究的公共利用程度,保障科学信息的长期保存。这是一种新的学术信息交流的方法,作者提交作品不期望得到直接的金钱回报,而是提供这些作品使公众可以在公共网络上利用。

开放存取资源是符合开放存取的原则并能够为人所免费使用的资源。能够开放存取的文献应该是学者提供给世界的文献,他们不指望取得任何报酬。一般来说,开放存取文献大多是经过同行评审的期刊论文,但也包括没有经过同行评价的预印本。这些文献的作者希望通过互联网广泛征求意见或者提醒同行注意自己的研究成果。开放存取必备的几个要素:①文章以电子方式保存,通过互联网传播;②作者不以获取稿费为目的;③使用者可以免费获取;④使用者在保护其作品完整性、表达适当的致谢并注明出处后,可不受限制地自由使用。

1. 开放存取资源的特征

(1)内容丰富。开放存取资源类型繁多,覆盖不同学科、不同领域、不同地域、不同语言的信息资源,既有开放图书、开放期刊、书目数据、学位论文、音像及影像制品、电子教学资料、开放百科全书、会议录、工作报告、专利文献,也有开放源代码、模拟模块等资源。

(2)格式多样。开放存取资源提供多样化的内容格式呈现给用户:文本、图像、声音、影像、超链接与其他多媒体标准等,是多媒体、多语种、多种类型信息的混合体。

(3)时效性和交互性强。作者和版权人允许用户免费下载、打印或传播其数字化信息,可以在最短的时间将研究成果与同行沟通和分享,省去了一般出版物的出版周期。利用计算机和网络进行运作的出版模式,有助于提高文献处理的自动化程度,实现作者、编辑和读者之间的互动和交流。

(4)学术价值较高。许多开放存取资源,特别是开放存取期刊的文章与传统出版刊物一样须通过严格的同行评审才能出版,其影响因子和被引用频次与传统高质量的学术文献几乎没有差别。机构仓储中的学术资源同样具有很高的学术价值,往往收集、整理、存储了多个机构的科技成果。

（5）免费。开放存取实现了学术成果免费向公众开放，打破了出版商对学术出版的垄断，使得科研人员可从互联网上免费地、没有限制地、方便地、快捷地获取，改变了传统学术传播与交流的方式。

（6）尊重知识产权。在传统的出版模式中，作者不得不把学术成果的版权转给出版商，取得版权的出版商把学术成果再卖给读者。而在开放存取中发表和传播学术成果，作者可以保留作品的原始版权。

2. 开放存取资源的类型

（1）开放存取期刊。开放存取期刊（Open Access Journals，OAJ）是在互联网上公开出版的、经过同行评审的学术期刊，它是实现开放存取学术传播的重要形式之一。OAJ期刊与传统期刊的区别不在于期刊的载体是纸本还是电子，而在于对期刊的访问方式和访问权限的不同。传统期刊（包括印本期刊和电子期刊）采用用户付费的商业模式，一般先由图书馆等机构或者用户个人购买，然后为其提供全文服务。而OAJ期刊主要采用作者（机构）付费出版、读者免费使用的运行模式。为了保证期刊的质量，OAJ期刊大多采用严格的同行评审制度，其收录的论文文献具有很高的参考价值。

（2）开放存取仓储。开放存取仓储（Open Access Repository，OAR），也称开放存取文档库（Open Access Archives）、开放存取知识库（Open Access Repositories）、机构典藏库，是一种基于网络的免费在线资源库，收集、存放由某一个或多个机构或个人产生的知识资源和学术信息资源，供用户免费访问和使用。开放存取仓储包括电子文档实验数据、技术报告、教学资源、多媒体资源、电子演示文稿等任何类型的数字文档。其中，电子文档是以数字形式存储的研究性文章，包括两种：一种是预印本（Preprint），另一种是后印本（Postprint）。预印本指科研工作者的研究成果还未在正式出版物上发表，而出于与同行的交流目的自愿先在学术会议上或通过互联网发布的科研论文、科技报告等文章。与刊物发表的论文相比，预印本具有交流速度快、利于学术争鸣、可靠性高的特点。后印本指经过同行评议，并已经正式发表的文章。

目前开放存取仓储主要有学科仓储和机构仓储两种类型。学科仓储（Subject Repository）又称为"学科知识库""学科开放存取仓储"或"学科库"，是指按照学科范围存储某一学科或相近学科的数字化研究作品，如学术论文、研究报告等的数据库。学科知识库通常由学术科研机构或学术组织创建和管理,保证所存储的学术信息的稳定性和有效检索,并支持作者自我存档和元数据创造。机构仓储(Institutional Repository)也称为"机构知识库""机构信息库""机构典藏库""机构资料库"等,通常由一个或多个机构,多为大学、大学图书馆、研究所和政府部门等联合创建、维护和管理。机构知识库侧重于收集和保存相关机构所产生的科研作品,存储范围包括各种形式的数字学术信息,如电子论文、预印本、各类型的学术报告等,机构多利用自身的硬件设备和人员条件,采用开源软件自主地进行知识库建构,并免费提供给机构内外的用户获取和使用。

开放存取仓储大量收录论文预印本,克服了科研成果的出版时滞,提高了科学信息交流的效率;收录那些不便以传统出版物形式发表和出版但又对科学发现和科学研究有着重要支撑作用的资料,改进了科学信息交流机制,拓展了科学信息获取途径,扩大了科学信息传播范围。对科研人员而言,通过开放存取仓储,不但可以利用自存档技术提交、存储自己的论文,方便研究工作,而且存放在开放存取仓储中的研究成果能够被尽可能多的读者阅读、引用,可以提高研究者的学术声誉和影响力。

(3)其他 OA 资源。除上述两种形式外,各种其他形式的 OA 资源也陆续涌现,如个人网站、电子图书、博客学术论坛、文件共享网络等。但这些资源的发布较为自由,缺乏严格的质量保障机制,较前两类开放存取出版形式而言,随意性更强,学术价值良莠不齐。

(五)网络信息资源

网络信息资源,是指以电子数据的形式将文字、图像、声音、动画等多种形式的信息存储在光磁等非纸质载体中,并通过网络和计算机等方式再现出来的信息资源。图书分类是科学管理图书,方便读者查询利用的一种手段。

1. 网络数据库

网络数据库是信息检索与计算机技术相结合的产物,其主要含义就是信息化的"存取"。现代化信息检索可以追溯到 20 世纪 50 年代,数字式计算机诞生后,人们开始研究将其应用于信息检索,并于 1951 年首次利用计算机进行文摘检索试验,初步证明了它的技术可行性。1953

年建立了单元词检索系统、1954年IBM公司的研究中心和美国海军兵器中心图书馆分别在IBM-701机上开发出计算机信息检索系统,它标志着现代信息检索系统的诞生。

20世纪60年代是信息检索开发和实用化时期。一批传统出版商和图书馆如美国国家医学图书馆(NLM)和美国化学文摘(CAS)等开始建立自己的计算机检索系统。其中美国麻省理工学院(MIT)开发的联机检索系统的记录中含有引用文献目录,可以用布尔检索、截词检索、引文检索和书目耦合技术。叙词法也开始在计算机检索系统中应用。

20世纪70年代是计算机信息检索的成熟发展时期。计算机技术在这一时期有了重大进展,如分时计算机、带终端的远程处理系统、廉价的大容量随机存储器(磁盘存储器)、分组交往网等技术的发展推动了计算机检索技术的发展。数据库迅速增长,全文检索开始走向实用化。

20世纪80年代是全面和多元化发展时期。这一时期全文检索开始普及,光盘检索技术出现,自然科学类数据库继续增加,同时社科、经济、人文类数据库也不断增多,个人计算机的出现使得检索更加方便和频繁,计算机检索从较多的存在于科研领域逐渐向人们日常生活的检索转移。1988年,信息检索领域重要标准Z39.50协议颁布,使异构数据库之间和不同系统之间的通信可以实现,对信息检索产生了重要影响。

20世纪90年代以后,是互联网检索发展时期。互联网的出现使得网上信息成几何数字增长,同时它又是无序、散乱的信息集合,人们需要一种简单易用的工具来方便地实现检索,从而迅速获取所需的信息。网络搜索技术在这种情况下应运而生,1994年,以Lycos、Alta Vista、Infoseek、Excite为代表的第一代搜索引擎诞生,此时的检索系统响应时间还比较长,1998年以Google为代表的第二代搜索引擎诞生,大大方便了用户的检索行为。2000年1月百度公司成立,它是目前世界上最大的中文搜索引擎,它的出现极大地方便了中文用户利用网络。

按照国际上通用的分类方法,数据库通常划分为以下几种类型:

(1)参考型数据库(reference database)指引用户到另一信息源以获得原文或其他细节的数据库,又称为指示型数据库,包括书目数据库和指南数据库。

①书目数据库(bibliography database)是指存储某个领域的二次文献(如文摘、题录、目录等)的数据库,又称二次文献数据库或简称文献

数据库,如美国化学文摘数据库 CA Search 等。

②指南数据库(referral database)是指存储关于某些机构、人物、出版物、项目、程序、活动等对象的简要描述,指引用户从其他有关信息员获取更详细信息的数据库,也称指示性数据库,如机构名录数据库、人物传记数据库、产品数据库等。

(2)源数据库(source database)能直接提供原始资料或数据的自足性数据库,用户可直接获取足够的信息资源。又可以分为:

①数值数据库(numeric database),指专门提供以数值方式呈现的数据库,如各种统计数据库。

②文本—数值数据库(textual-numeric database)能同时提供文本信息和数值信心的数据库,如产品市场报告数据库等。

③全文数据库(full text database),指存储文献全文的数据库,如期刊全文库。

④术语数据库(terminological bank),存储名词术语信息、词语信息等的数据库,也包括电子辞书。

⑤多媒体数据库,一种把文字、声音、图像、数值等信息存储,并对其进行一体化管理的数据库。

(3)常见网络数据。常见的中文网络数据有:中国知识基础设施工程(中国知网,CNKI)、维普期刊资源整合服务平台、万方数据知识服务平台、北大法宝数据库、中国经济信息网等。常用的外文数据库有:科学引文索引(SCD)、工程索引(EI)、Elsevier、Springer、DOAJ、IEEE、PubMed 等。

中国知网即中国知识基础设施工程(China National Knowledge Infrastructure,CNKI),是以实现全社会知识资源传播共享与增值利用为目标的信息化建设项目,由清华大学、清华同方发起,始建于1999年6月,为全社会知识资源高效共享提供丰富的知识信息资源和有效的知识传播与数字化学习平台。

万方数据知识服务平台是在原万方数据资源系统的基础上,经过不断的改进、创新而成,集高品质信息资源、先进检索算法技术、多元化增值服务、人性化设计等特色于一身,是国内一流的品质信息资源出版、增值服务平台。

2. 电子图书

电子图书又称 e-book，是指以数字代码方式将图、文、声、像等信息存储在磁、光、电介质上，通过计算机或类似设备使用，并可复制发行的大众传播体。

汇雅电子图书平台是超星公司为用户提供的远程访问服务模式，可以在线阅读到 100 多万册电子图书。它依靠海量的图书信息、先进的检索方式以及友好的阅览器，为用户提供图书的在线阅读。多种服务方式共同保证向用户提供最全面、最准确、最专业的图书信息。图书涉及文化教育、文学艺术、历史地理、生物科学、医药卫生、工业技术等 22 个学科领域。

中华数字书苑是北京大学图书馆和北大方正联合推出的，北大方正提供数字图书馆的软件支持，北京大学图书馆提供服务。中华数字书苑目前已能提供十几万种中国出版的电子新书，内容主要包括社会科学、计算机类和精品畅销书籍，学科涉及文学艺术、语言、历史、经济、法律、政治、哲学和计算机等多个类别。

"书生之家数字图书馆"由北京书生数字技术有限公司于 2000 年创办，主要提供 1999 年以来中国大陆地区出版的新书的全文电子版，内容包括文学艺术、计算机、通信与互联网、经济金融与工商管理、语言文化教育、体育、教材教参与考试、生活百科、综合性图书与工具书、法律、军事、政治外交、社会科学、哲学宗教、历史地理、科普知识、知识信息传媒、自然科学、工业技术、建筑、交通运输与环境等方面的中文电子图书。

书香中国网站，隶属于中文在线，是一家致力于为全世界华人用户提供优秀的电子图书读物，以帮助读者养成良好的阅读习惯为宗旨的网络运营平台。书香中国网站借助"中文在线"强大的图书库，每年能为广大读者提供新增正版数字图书 2 万~4 万种。书香中国数字图书馆服务于机构用户，帮助各学校、企业、组织团体建立无墙化、低成本、健康合法的知识中心，提高图书馆的服务水平，加快信息化建设步伐以繁荣互联网阅读为目标，第一时间向读者提供国内外数万部精品数字化文学作品，让读者体验最新的数字化阅读乐趣。数字图书内容包括经典名著、名家小说、畅销书籍、教育读物、文艺精粹、网络原创等各类大众社科类图书，有声图书则包括一些名家的经典和近年来流行畅销的文学作品录制的有声图书。

3. 电子期刊

电子期刊（Electronie Journal）也称为电子出版物、网上出版物。广义而言，任何以电子形式存在的期刊均可称为电子期刊，涵盖通过联机网络可检索到的期刊和以 CD-ROM 形式发行的期刊。

电子期刊的类型有两种：一种是纸质期刊的电子化，另一种是直接在网络出版的电子期刊。网络出版的电子期刊从投稿、编辑出版、发行订购、阅读乃至读者意见反馈的全过程都是在网络环境中进行的，任何阶段都不需要用纸，它与传统的印刷型期刊有着本质的区别。电子期刊是以高新技术，包括光盘、网络通信技术为载体，经过信息技术人员加工处理，运用现代技术检索手段，以满足信息需求的出版物。且融入了图像、文字、声音、视频、游戏等相互动态结合来呈现给读者，此外，还有超链接、及时互动等网络元素，在增加了易读性和趣味性的同时又节约了成本。

电子期刊有其优势：

首先，电子期刊是机读杂志，它可以借助计算机惊人的运算速度和海量存储，极大地提高了信息量。

其次，在计算机特有的查询功能的帮助下，它使人们在信息的海洋中快速找寻所需内容成为可能。

再次，电子期刊在内容的表现形式上，是声、图、像并茂，人们不仅可以看到文字、图片，还可以听到各种音效，看到活动的图像。

最后，可以使人们受到多种感官的感受，加上电子期刊中极其方便的电子索引、随机注释，使电子期刊具有信息时代的特征。

4. 网页信息

网页上所有的发布内容都可称之为网页信息，网页信息是一个巨大的信息源，它的信息质量参差不齐，真假难辨，需要信息使用者去详加筛选。常用的网页信息有各类学习网站、政府部门统计数据、行业报告等。

（六）环境资源

图书馆环境特色资源包括外部环境资源和内部环境资源。

1. 图书馆外部环境资源

外部环境资源指的是图书馆建筑的造型及外围环境。大多数的图书馆都有自己的特色建筑造型,世界上不少图书馆的特色建筑造型,已经成了一个区域或者一所学校的地标性建筑物。更有些优秀的图书馆特色建筑,成为人类建筑遗产和建筑文化的组成。比如美国西雅图中央图书馆,其建筑造型美观、风格新锐、结构复杂,吸引了来自世界各地的游客前往参观和游览。但所谓的建筑特色,并不等于标新立异,而是要得到大部分人的认同。建筑物造型要大气、美观、协调,给人们以美的享受的同时,也要能够体现有别于其他建筑物的文化氛围。如果条件允许,图书馆的外围环境应当是公园式的环境,与其建筑物相吻合,为读者提供户外的、舒适的学习或休闲环境。

2. 图书馆内部环境资源

图书馆的内部结构,首先考虑到安全,即指安全通道、消防等;其次考虑图书馆的舒适性,即采光和透气;再次考虑读者借阅是否方便、友好等。图书馆服务区域的发展,趋于集藏、借阅于一体的大开间。这种大开间,既方便读者的借阅、利用信息资源,又方便图书馆的管理。馆内装饰,应该明亮、简洁、大方。所使用的装饰材料要重视环保节能,确保所用材料达到政府或行业规定的要求,尽量避免有害气体的排放。在装饰上,要能够体现图书馆特有的人文氛围和人文景观。

第二节 智慧图书馆的资源建设策略

一、图书馆资源建设的含义

随着社会与科技的发展,文献数量增长迅速,类型复杂,载体多样,除纸质文献外,缩微资料、音像资料、机读资料等非印刷文献大量出现,突破了以图书为主要藏品的传统图书馆格局,"藏书建设"一词已名不副实。20世纪80年代,我国图书馆同仁提出了"文献资源建设"这一概念,并以此为核心建立了一个新的理论体系。20世纪末,随着信息环

智慧图书馆建设与应用实践

境的变化,网络的迅速发展,文献资源建设的实践发生巨大变化,显露了文献资源建设理论的局限性。

(1)各种形式的电子化、数字化信息迅速融入图书馆,文献资源成为多种形式信息资源中的一种,对数字化信息的生产、组织、加工、存取的工作内容已不是"文献资源建设"所能涵盖的。

(2)在网络环境下,虚拟馆藏建设成为不可回避的现实,这也是"文献资源建设"难以概括的。

(3)"文献资源建设"无力解决资源建设共享的问题。因为只有在网络环境下才能最大限度地实现信息资源共建共享。

以上种种原因,使人们认识到"文献资源建设"概念,必须由一个新概念和理论加以丰富和发展,于是"资源建设"一词浮出水面,我国图书馆界很快接受了这一概念。

智慧图书馆资源建设都是基于长期的历史积累,有自己鲜明特色的馆藏结构,通过健全和发展,逐渐形成了图书馆自由的风格和特点。在进行智慧图书馆资源建设时,要遵循系统性、分层性原则,明确特色资源与一般资源的差别和联系,通过多种渠道、多种信息载体、多种服务方式、多种科技手段,将不同学科、不同类型、不同语种的文献资源,针对不同层面的读者加以合理组织和科学配置,建立起一个有主有从、系统完整的信息资源保障体系。

二、更新观念,培植现代图书馆新理念

长期以来,大学图书馆一直被理解为大学的教学和研究部门。除了其使命之外,它还为教学和研究提供信息服务。高校图书馆的信息服务应按照市场经济秩序相应扩大。除了提供学科方面的服务外,还应鼓励图书馆向公众提供信息服务。图书馆除利用教育经费作为资金开发图书馆资源外,还应能吸引外来资金弥补图书馆经费的不足。

三、加强对网上信息资源的采集和加工

网络环境下,网络信息已成为最大的信息资源载体。目前,全世界约有40多亿公共页面以及6500多亿深层网络页面,用220多种语言写成,为广大用户使用。互联网上充斥着大量信息垃圾,只有经过加工、整理才可使用；网络信息的动态性、消失速度惊人、极易破坏性，都使得整理加工的工作十分迫切。为此，应选择有价值的网站作固定信息源，这些网站应是可信度高、系统性与稳定性好。符合本馆资源建设要求的。还要对信息源进行分类，建立指引库，以方便用户获取所需信息。

四、做好选题调研工作，提高特色数据库的质量

特色资源的质量是整个馆藏特色化建设生命力的体现，只有特色资源质量得到保证，才能实现其建设的真正意义。选题是特色资源建设的关键环节，国内外建设成功的特色馆往往选题精准。首先要有一个明确的主题，除了要在自己馆藏方面有较大的优势外，还要对此专题有较为全面的了解。这样建设出来的数据库才有自己的特点，有竞争能力，而且可以避免不必要的浪费。要综合考虑所在高校和地区的需求来选定，一个好的特色化选题可以达到事半功倍的效果。在选题上除了考虑本馆服务对象和馆藏特色以外，还要做详细的调查研究，掌握所选项目在国内有无重复或类似，掌握数据量能否达到一定规模，并考虑到用户需求量的大小。不局限于以项目建设特色数据库，也可以根据馆藏特色和特定用户需求由本馆支持自主建立特色数据库。

五、传统与现代并举，调整优化馆藏信息元素结构

随着现代科学技术的发展，缩微、电子、数码作品已成为印刷业的发展趋势，信息载体也日趋多样化。全新数字电子版，存储容量大，操作方便。得益于现代通信技术，它具有快速交付和易于读者访问的优势。因此，数字和电子版本有望取代传统的纸质打印输出。但是，由于各种因素的影响，纸质印刷品至少会在很长一段时间内发挥其功能，这将导致传统纸质印刷品与电子版并存。

六、加强合作，实行资源共建共享

当今世界，知识信息总量显著增加，信息载体多样化，对信息的需求也迅速增加。因此，图书馆加强合作，共享资源。通过资源共享、在线数

智慧图书馆建设与应用实践

据传播和数据采集,将数据采集资源延伸到底。因此,加强合作,实施共建和信息资源交流,成为长远发展不可缺少的条件。

七、加强继续教育和人才引进,建立有效的激励机制

图书馆的现代化和图书馆员的高级培训已成为图书馆信息创建的优先事项之一。为此,图书馆不得不两条腿走路:一方面,它带来了应得的高层人士,并在短时间内改变了图书馆员的收入结构;另一方面,通过公司治理、高级培训等方式,为员工提高专业水平和各项技能创造条件。只有这样,我们才能满足在网络环境下创建图书馆资源的需求。

提高图书馆人员素质,需要从两个方面入手:一方面,优化人员结构,解决人才短缺问题;另一方面,现有员工需要接受培训以提高他们的工作质量。学校图书馆应将部门工作人员的培训作为其工作的必要内容,部门负责人应积极为部门工作人员的发展创造条件,即从师资培训、财政和时间等方面给予支持。

八、挖掘重点学科和地域性主题,制定合理详细的计划

每一所图书馆都有自己的重点收藏目标,高校图书馆应根据学校的学科特点、馆藏原则及读者需求等因素来确定文献特色化目标。要在充分了解馆情的基础上,制定符合本校学术研究需要的选题。这是特色馆藏建设取得成功的先决条件。

九、加强网络化系统的建设

图书馆应主要关注创建网络系统以创建数字信息资源。在构建网络系统时,还应加强交互服务体系,使用户提出的问题能够随时得到接收和解答,从而消除用户的距离感,减少用户的等待。

十、加强数字化信息资源的建设

创建信息资源是图书馆建设的关键。来自不同媒体的数据首先经

过数字处理,然后存储在硬盘或光盘等媒体上。图书馆有组织和系统地收集一系列数据源。建设数字图书馆,图书馆不应放弃以前的事业,而应根据各自图书馆的具体情况,以不同的方式分步建设。

数字图书馆建设以真实图书馆为基础,将数字化、网络化技术广泛应用于图书馆馆藏创建和信息服务,改善和拓展图书馆馆藏结构,拓宽和深化图书馆。图书馆的功能和内容使信息资源能够准确、快速地被检索和传递,从而提升读者使用图书馆信息资源的能力。

第四章 智慧图书馆技术支持

图书馆的发展，一直受技术的推动和影响，图书馆的需求和发展也反过来激励着技术的创新。图书馆的发展历史，可以称得上是一部技术发展应用的历史，本章将详细介绍智慧图书馆建设过程中需要应用的主要技术。

第一节　物联网技术及其在图书馆的应用

物联网英文是"the internet of things"，即"物物相连的互联网"。物联网通过大量分散的射频识别（RFID）、传感器、GPS、激光扫描器等小型设备，将感知的信息，通过互联网传输到指定的处理设施上进行智能化处理，完成识别、定位、跟踪、监控和管理等工作，从而构造一个实现全球物品信息实时共享的实物互联网。

笼统地看，物联网通过大量信息感知节点采集信息，通过互联网传输和交换信息，通过强大的计算能力处理信息，然后再对实体世界发出反馈或控制信息。

与由物理基础设施和IT基础设施组成的传统互联网相比，物联网是物物相连的互联网，它的核心和基础仍然是互联网，又是互联网基础上的延伸和扩展。同时，物联网的用户端延伸和扩展到了任何物体与物体之间，进行信息交换和通信。

到了2019年，5G时代来临，物联网开始加速发展，逐渐融入我们的生活中。万物互联互通不再只是纸上谈兵了。我国首个国家级"5G新媒体平台"在中央广播电视总台开建。中央广播电视总台与中国电信、中国移动、中国联通及华为公司在北京共同签署合作建设5G新媒体平台框架协议。

一、物联网及其特征

所有参与物联网研究的技术人员都有一个美好的愿景：将传感器或射频标签嵌入电网、建筑物、桥梁、公路、铁路，以及我们周围的环境和各种物体之中，并且将这些物体互联成网，形成物联网，实现信息世界与物理世界的融合，使人类对客观世界具有更加全面的感知能力、更加透彻的认知能力、更加智慧的处理能力。如果说互联网、移动互联网的应用主要关注人与信息世界的融合，那么物联网将实现物理世界与信息世界的深度融合。

尽管我们可以在文章与著作中看到多种关于物联网的不同定义,但是,至今仍然没有形成一个公认的定义。在比较了各种物联网定义的基础上,根据目前对物联网技术特点的认知水平,我们提出的物联网定义是:按照约定的协议,将具有"感知、通信、计算"功能的智能物体、系统、信息资源互联起来,实现对物理世界"泛在感知、可靠传输、智慧处理"的智能服务系统。

(一)感知透彻性

在感知层中,不仅有物与物,也包括物与人、人与人之间广泛的通信和信息的交流。透彻性体现为三点:一是感知一切可接入物联网之物,通过感应技术可以使任何物品都变得有感知、可识别,可以接收来自他"物"和网络层的指令;二是互动感知,物联网在感知层更强调信息的互动,即人与感知物的"实时对话"或感知物与感知物的"动态交流",传感技术的核心即传感器,它是实现物联网中物与物、物与人信息交互的必要组成部分;三是多维感知,感知层中的人机交互包含视觉、听觉、嗅觉、味觉、触觉,甚至包括感觉与直觉、行为与心理的多维综合感知。

(二)互联广泛性

物联网具有更全面的互联互通性,连接的范围远超过互联网,大到铁路、桥梁等建筑物,小到摄像头、书籍、家电等,包括应用于各种军事需求的军事物联网。它们通过各种通信网、互联网、专网,有效地实现个人物品、城市规划、政府信息系统中储存的信息交互和共享,从而对环境和业务状况进行实时监控。不仅要"互联",更要"互通",这就要求实现信息的高效传输,涉及高速的无线接入网络、高效的路由转发、信息的加密安全等。

(三)应用智能性

各种广泛应用的智能感应技术,可以采集和处理图像、声音、视频以及频率、压力、温度、湿度、风速、风向、颜色、气味、长度等各种各样可精确感知世界万物的信息。这些信息的协同处理和应用具有高时效、自动化、自我反馈、自主学习(自治)、智能控制等智能化特征。云计算、数据挖掘、专家系统、模糊识别等各种智能计算技术和手段能够进行复杂的数据分析、处理，整合和分析海量的跨地域、跨行业的信息，可以更好地支持决策和行动，实现对数以亿计的各类物体的实时动态控制和管理。

二、物联网技术为图书馆发展带来机遇

20世纪60年代理论验证的无线射频技术是物联网技术的核心，早期的射频识别技术在20世纪70年代出现，进入商业化的规模是在20世纪80年代，而以其独特性能优势进入图书馆市场是在20世纪90年代。图书馆可以通过无线射频技术实现由自动化管理上升到智能化管理的转化。包括基于RFID技术的自助借还、馆藏清点、图书顺架、查找、安全检测和自动分拣功能的各种图书馆RFID解决方案先后推出，并且应用十分广泛。

根据不完全统计，到2009年上半年，实现了RFID系统的在全球范围内约有千余家图书馆，并且年度增长率超过50%。除了新加坡，完成了RFID应用系统部署的还有美国、瑞典、德国、澳大利亚、新西兰、日本、印度等国家的部分图书馆，新加坡国内公共图书馆系统、美国西雅图公共图书馆、国立新加坡大学图书馆、荷兰阿姆斯特丹市公共图书馆、德国维也纳市公共图书馆等都是全面采用RFID技术的典型。

最近几年，国家高度重视智能化图书馆的建设，并且成效很好。深圳图书馆有目前中国最大的智能化图书馆项目，全面使用RFID标签，通过RFID技术来提高工作效率，服务得以拓展延伸。目前率先实施或使用RFID系统的有浙江图书馆、集美大学诚毅学院图书馆、厦门市少年儿童图书馆、上海市长宁区图书馆、华东政法大学图书馆、北京理工大学图书馆。为了让RFID技术在国内公共图书馆中更好地应用，RFID技术标准需要规范，"自主创新与开放兼容相结合"的标准战略不能改变。为了研究电子标签标准，2005年10月，"电子标签标准工作组"由原信息产业部批准成立，预先研究和制定工作以企业为主体来进行。目前开展标准制定工作的有7个专题工作小组。目前有24项国标项目、10项行标正在研制。2007年，国家863项目"RFID技术标准的研究"项目由中国标准化协会和中国物品编码中心、中国电子技术标准化研究所、中国科学院自动化研究所、交通部公路科学研究所和北京航空航天大学等单位共同承担。

RFID技术的应用对公共图书馆的发展有很大的帮助，之所以这样说，是因为 RFID 技术的优势是其他识别技术无法相比的，图书管理系统可以通过 RFID 技术相结合，让公共图书馆的管理实现自动化、数字化、智能化，管理效率有所提高，流程简化，并且具备借还书、查询等服务，自动排架、清点馆藏、防盗等功能。目前我国公共图书馆的发展现状不容乐观，差距很大，RFID 技术在中国公共图书馆的广泛使用会受到如图书馆的管理模式、与现有图书管理系统衔接、RFID 的标准问题、电子标签的价格因素等的制约。

相比其他技术，结合了无线射频技术（RFID）和互联网技术的物联网技术可以自动、快速、实时、非接触式地处理单个物品或成批物品信息的收集和整理，效率高，可以为用户提供信息、对各类读者的需求都可以满足。其主要特点和作用如下所述。

（一）物联网技术在图书馆运用中的特点

1. 唯一标识图书

公共图书馆管理图书时，每一本图书都需要贴上唯一确定的标识，物联网的 RFID 技术可以实现对每本图书编码，根据每一本图书的唯一标识，利用图书馆的计算机网络系统来实现跟踪和管理每一本图书。

2. 快速分类处理图书

为解决同一时间内识别多本图书，RFID 系统中对流通过程中的图书进行分类编码，在通过 RFID 读写器的扫描区时，贴有 RFID 标签的图书就可以被 RFID 系统准确地识别和处理，所以可以快速分类处理图书信息，提高效率。

3. 跟踪图书流通信息

物联网是实时网络，以互联网为基础对图书信息进行跟踪，在经过 RFID 系统的扫描区时，图书的信息通过 RFID 读写器扫描和互联网的信息传输，实现实时跟踪图书流通信息。

4. 非接触式处理图书信息

射频识别技术（RFID）是物联网的核心技术，非接触信息传递需要利用射频信号通过空间耦合（交变磁场或电磁场）来实现，并通过所传递的信息实现识别,它可以对静态或动态的物品迅速识别,动态管理图书或出版物。

(二)物联网技术应用于图书馆的作用

物联网的信息互联需要互联网,图书信息可以在任何地方、任何时间识别,让图书信息流和物流完全同步,独有动态信息,成为"智能产品",使得图书馆资源信息更加高效快捷。

其具体作用如下所述:

1. 准确获得图书信息

图书的唯一标识是 RFID 电子标签,可以跟踪监控任何一本图书,任何细节信息都可以通过网络进行共享,以便图书馆环节利用。准确地跟踪图书馆图书信息可以对周转流动情况准确掌握。

2. 全面获取图书信息

图书信息资源被公共图书馆集中掌握,通过物联网可以跟踪和监控图书馆流通的所有过程,并且是对每一本书进行跟踪和监控,所以全面获取图书信息是可以实现的。

3. 及时获取图书信息

图书馆需要根据读者阅读倾向的变化及时掌握需求信息。可以通过物联网来满足读者需求,因为物联网可以突破传统信息传播模式和障碍,信息传播途中的延误可以避免,图书信息传输到数据库及时而又迅速。

三、物联网技术在图书馆的应用

(一)RFID 技术在图书馆的应用

1.RFID 技术概述

射频识别技术 RFID,又称无线射频识别,是一种通信技术,也是物联网的核心技术,可通过无线电讯号识别特定目标并读写相关数据,无须识别系统与特定目标之间建立机械或光学接触,就可实现高速的数据采集,并且过程无须人工干预。特别是在高速运动过程中也可实现穿透性和无屏障阅读、远距离非触控性的自动感知能力以及具有加密的存储能力,并且具有多个同时识别及信息载体身份的唯一性,这些特性都催生了智慧图书馆的实际应用,被认为是 21 世纪最具发展潜力的战略技术之一。

在图书馆应用中,RFID 电子标签取代了传统的条形码和磁条,被附在纸质书刊、音像制品、借书证等一切需要管理的物品上,用来识别唯一性的电子编码,这样每个物品都成为一个终端结点,经过授权的馆员可根据工作需要对电子标签中记录物品的信息进行增加、删除或修改,如纸质书刊的信息、馆藏地、架位等数据。相对于磁条来说,电子标签具有较强的读写率,可多次修改和重复利用。电子标签的阅读器分手持式或固定式,可以对标签信息进行读取(有时也可以写入)。天线作为连接点,在电子标签和阅读器之间传递射频信号。

RFID 系统与互联网进行连接,这样使得每个终端结点不但具有信息的感知能力,而且具有信息的处理能力,实现了读者与文献资源、读者与读者、读者与馆员、馆员与文献资源、馆员与馆员、文献资源与文献资源之间的互联互通。

目前,RFID 技术被逐步应用于图书馆的日常管理业务中,与条形码系统相比,RFID 系统更加便捷、高效、省时省力,显著提高了图书馆的服务质量和工作效率。特别是 RFID 技术在图书馆自助借还部分所产生的经济和社会效益,已经得到了图书馆界的广泛共识,成为现代图书馆应用的一个趋势。

2.RFID 在图书馆的应用体现

根据相关文献记载,RFID 技术在图书馆的应用可以体现在以下几个方面。

(1)文献可以被精确定位,便于文献的馆藏管理和读者查找。RFID 电子标签中有文献的精确定位信息,可以帮读者快速定位到文献的位置,并迅速找到,大大节省了查找时间。同时文献的精确定位也有助于馆藏管理,比如馆员使用扫描器就可以很快查出馆藏图书的错架情况,快速完成图书盘点工作。

(2)实现图书的自助借还,简化了借还过程。从本质上来说,自助借还机就是 RFID 阅读器加上自助借还的应用软件,不需要馆员的参与，读者可以直接使用自助借还机对图书进行扫描，同时自动消磁，就实现了借还书流程，有的自助借还机还可以进行批量借还处理。

（3）突破图书馆开放时间、地点局限，方便读者还书。自助还书机可以分布在不同的场合以满足读者还书的需要，并且24小时开放使用，读者可以随时就近还书。

（4）其他读者自助服务。RFID可以帮助读者完成其他项目的自助服务，比如可以自助办证、自助目录查询、自助复印、自助打印、自助扫描、自助充值、自助缴费等服务。

（5）为读者提供"手机图书馆"服务。手机图书馆又可称为"无线图书馆"或"移动图书馆"。随着智能手机的使用普及，手机图书馆可以让读者更方便地利用图书馆的信息资源，比如可为手机读者提供在线书目查询、催还、预约、续借、即时通知等服务。

（6）电话服务。就是通过电话向持有RFID借书证的读者提供服务。一般包括电话语音服务、目录查询服务、流通服务、馆际互借服务、文献传递服务、咨询服务、缴费服务、手机短信服务等。

（7）一卡通管理服务。借书证可以采用RFID技术制作，对RFID借书证的分发、激活、管理和使用进行管理就是RFID一卡通管理，这种借书证还具有图书借阅、身份识别、充值消费等功能。这时借书证可以绑定二代居民身份证、手机号码等来激活。

（8）安全检测服务。图书内嵌RFID标签后，无线射频装置声光报警设备、安全检测门等设备通过自动监测软件可对其进行监测，从而实现对图书的安全管理。

（9）促进图书馆管理水平的提高。图书馆使用RFID系统，虽然增加了后台加标签等的管理工作，但RFID系统可以提高图书馆信息管理系统的交叉融合，可以推动图书馆流通服务的业务流程重组、馆员的岗位调整，促使图书馆服务模式从人工服务向自助服务的转变，进而提高图书馆服务的效率和效力。

3. 国内相关应用实例

图书馆是一个生长着的有机体。从藏书楼到图书馆，从羊皮卷到数据库，从借书卡到读者证，图书馆事业以不断的变革伴随着人类知识的永恒传递。

国内图书馆中最早应用RFID技术的是集美大学诚毅学院图书馆

（2006年2月）和深圳图书馆（2006年7月）。目前，RFID在公共图书馆的应用比较多，除深圳图书馆外，还有武汉图书馆、上海长宁区图书馆、国家图书馆、杭州市图书馆、厦门少儿图书馆、上海浦东新区图书馆、陕西省图书馆、湖北省图书馆等；上海图书馆、南京图书馆、广州图书馆等也在规划实施中。

各公共图书馆的RFID系统具体组成和功能描述等方面虽然不尽相同，但核心功能高度一致：即自助借还与馆藏盘点。从实践来看，自助借还与馆藏盘点是RFID技术相对于传统条形码业务模式的最明显优势所在，这两块业务同时也是公共图书馆最基础、所占业务量较大的服务，因此，RFID技术在公共图书馆得到了最核心、最重要的应用。

（1）深圳图书馆。深圳图书馆是我国第一家全面采用RFID技术的图书馆，汹涌而来的读者所带来的不断攀升的服务量，使该馆成了第一家"吃RFID螃蟹"的公共馆。随后的统计数据显示，2008年一年全馆借书总量达到了3265327册，其中约95%的图书外借是通过自助方式完成。其新馆开馆后，到馆人数比原来增加了6~8倍，外借数量增加了5~7倍，RFID自助借还机承担超过80%的文献借、还任务。深图将RFID技术利用于流通服务、架位管理、OPAC导引、图书分拣、阅览服务、自助图书馆、其他认证服务这几个方面。该馆更基于RFID技术特性，开发研制出了1.1代智能书车，跨出了RFID创新运用的第一步。首先通过架标、层标、图书标签，为每一本书（或资源对象）赋予一个唯一的标识，形成一个完整的架位管理系统；其次在应用系统中，将具体管理单元定位为单面单列书架的具体某一层；如此可以将对象在实际操作中与一个最小管理单元精确对应，从而实现了基于RFID技术的整序排架、馆藏清点、巡架整架、文献剔除、智能书车上架、直观式寻架等图书管理模式。

同时，RFID系统的使用，使读者通过OPAC检索系统查找书籍时能获得直观的导引，从原来需要学习才能掌握的索书号规则，变为直接显示具体到第几区第几排第几层书架的定位方式，对公共馆的读者来说，无疑是一项巨大的人性化服务提升，从而也带动了OPAC使用率的提升，对公共资源真正做到物尽其用。

（2）武汉图书馆青少年阅览室。武汉图书馆于2007年11月引进了RFID智能图书管理系统，该系统由读者办证系统、图书自助借还系统、馆藏架位管理系统、智能安全门、柜台工作站、图书编目系统和系统管理软件平台等组成。其中主要设备包括自助借还书机、智能书车、编目及柜台工作站读写器、全套软件等。

考虑到RFID作为一项新技术，其前后期投入均是一笔较大的开支。武汉图书馆先在青少年阅览室进行试点运行，以对其成熟性及应用效果进行考察。青少年阅览室面积达300平方米，藏书近30000册。实现自助借还后，借书数量比同期增长95%，还书数量增长84%，大大提高了流通效率。但由于其使用的是芬兰UPMRaflat公司生产的RFID图书标签，每枚标签的售价为4元，与传统的条形码相比价格贵了上百倍，仅改造青少年阅览室的电子标签的成本就已经达到12万元人民币，对中等发达城市的市属图书馆来说，继续推广使用不得不考虑到资金投入效益。而且RFID标签应用于图书馆尚属初期阶段，其抗水性差、金属干扰、易损毁等缺点仍有待进一步的技术改进。

（3）国家图书馆。2006年6月国家图书馆成立了RFID标准化问题研究课题组，2007年9月完成课题报告，提出了若干方案设想。2010年11月完成项目招投标，由深圳市海恒智能技术有限公司中标，目前项目正在继续运行中。

（4）浙江图书馆。创建于1900年的浙江图书馆是国内创办最早的省级公共图书馆之一。现有馆舍四处，建筑面积42万平方米。以曙光路新馆为总馆，另有湖州嘉业藏书楼、孤山路古籍部和大学路馆舍，并在全省各地设有7个分馆29个流通站。浙江图书馆RFID智能管理系统面向工作人员与用户分别设计了两个平台，下设9个子系统：电子标签转换子系统、流通柜员工作站子系统、推车式图书盘点子系统、便携式盘点子系统、图书安全监测子系统、监控中心子系统、自助借还子系统、24小时自助还书子系统、RFID文献智能检索子系统。管理平台面向图书馆工作人员，实现借书证管理、标签转换、盘点、顺架、上架、倒架、剔旧、查询统计、数据、维护以及RFID设备监控等日常管理工作；应用平台则为面向读者，实现图书借还、图书查询、定位等功能。该馆的RFID项目尚处在启动试运行阶段，主要应用还停留在自助借还书、安全门禁、馆藏盘点等方面。

除上所述，已经使用、试运行RFID图书馆智能系统或正在酝酿的公共图书馆还有杭州图书馆、上海浦东新区图书馆、厦门少儿图书馆等。从以上几个案例可以看出，公共图书馆的RFID智能系统使用主要体现在以下几个方面：自助借还书、快速借还书、书刊定位、图书自动分栋、馆藏清点盘查、智能书车、安全防盗等方面。

RFID智能系统的引进会涉及大量的设备，甚至涉及图书馆的建筑结构与功能布局，因此不仅要符合普遍需要，也要与具体的图书馆的应用系统有机整合、"量身定做"。作为一个复杂的、个性化的应用系统工程，不仅要投入资金引进设备或软件，还需考虑到后期维护的持续投入，以及图书馆管理与服务的具体需求。

（5）集美大学诚毅学院图书馆。2006年2月，集美大学诚毅学院图书馆开始运用RFID"智能馆藏系统"，是当时中国首个运用该系统的图书馆，并于2007年10月对系统进行了升级与扩容。

诚毅学院图书馆的RFID"智能馆藏系统"包含了馆员服务系统、芯片转换系统、自助借书系统、自助还书系统、馆藏盘查系统、通道侦查系统等一系列自动化管理系统。学院图书馆图书约42万册，2007年10月RFID系统进行了升级与扩容，在升级原有系统的基础上，将"自助借还书系统"扩充到10台（套）。目前，图书馆的借、还书已实现读者全自助式服务，还配备了24小时自助还书机，并且和校园卡智能一卡通绑定，读者使用校园卡即可借、还图书，还可查询借阅记录、扣缴逾期款等。

馆藏盘查则通过两种方式实现：推车式移动盘点平台和便携式盘点机。推车式移动盘点平台使用推车，平台上的读写器可远距离接收标签信息，相较于传统的手工扫描盘点，该操作系统方便快速，可以长时间联机工作，不用逐份扫描即可辨别出馆藏的错架、乱架情况。另一种离线式的盘点方法是使用便携式盘点机。盘点机具有扳机触发工作机制，重量轻，携带方便，图书馆员使用这种盘点机扫描书架，就可读取书籍中的标签信息，并与之前录入到盘点机的数据进行对比。若出现乱架图书，就会发出报警提示。若将具体所需书目信息先输入设备，则还可以快速定位书籍，方便查找。

通道侦查系统的功能是身份识别和防盗，诚毅学院图书馆侦测系统可在1米以上距离读取RFID标签。与传统门禁相比增加了提前量，报警后留给工作人员足够的反应时间，可有效防止图书丢失。

诚毅学院还将RFID系统应用于电子阅览室，集成校园卡功能从而使使用更便捷，也可对学生利用计算机联网浏览的内容进行控制。

但在实际应用中，也出现了一些问题值得我们思索与改进。由于使用该学院的电子阅览室需要收费，且读者卡集成校园卡，仅限本人使用,在一些特殊情况下,会带来使用上的不便。另外,当读者使用电子阅览室电脑终端查阅馆内资源和巩固课堂知识而不使用网络资源时,有理由要求断开网络以避免收费,但在这种状况下,系统如对该台计算机实施网络中断,必将导致监管中断。由此可见,实时动态监控与保护读者隐私将是天然的矛盾。

(6)汕头大学图书馆。汕头大学图书馆2007年7月开始将RFID技术应用于图书借阅,至2009年6月新馆开馆后,逐步对图书安装电子标签,并将其扩展到流通和清点业务中。

汕头大学图书馆自2006年起进行UHF RFID在图书馆应用的试验,2007年7月结束试验。同年9月在馆内新书区实现了RFID的应用,从而为新图书馆建成后的实施做准备。2009年6月搬到新图书馆后,考虑到经费及实施工期等问题,在新馆中,分区域、分楼层实施了RFID应用,2010年起准备在新馆内全面实施RFID。

目前,汕头大学图书馆拥有RFID相关设备的情况如下:RFID标签18万个、标签转换装置2套、馆员工作站2套、自助借还机2套、移动智能书车2套、安全门禁1套(双通道、RFID和磁条混合检测)、系统管理软件1套。

使用RFID移动智能书车进行图书上架,并且在OPAC系统中增加了图书的定位和导航的直观指导后,可以精确地将读者引导到书区书架的某一层格,大大降低了读者找书的困难。由此,只要书本放置在其对应的层格中就是正确的,无须讲究精确的前后顺序。这样大大地减轻了工作人员的工作量,上架人员只要将书按层格排架即可,无须再仔细核对层格中每一本书的索书号的严格前后顺序。而对拥有不同作者的丛书,虽按中图法分编仍分置在不同的类目下,但可在系统中设置强制排架,将它们归在同一区域,以方便读者查找,并有利于读者拓展阅读。

在实践中,图书馆工作人员也发现了一些由RFID设备的特性所导致的不足,提出了人性化的改进措施。设置自助借还机后,读者借书无须再由工作人员进行最后的核查。当发生拾取他人读者卡后恶意借满全部权限并将书拿走的恶性事件时,虽然可以通过一定的技术手段进行追查,但难以控制事件发生,因此预防至关重要。可在读者触发借书功能前设置登录界面,设置登录密码等安全措施。也可在自助借还机上安装隐蔽的监控摄像头,并通过后台服务器将录像内容保存一段时期。还可在借书最后完成时,让读者再次确认所借书籍明细,以免因标签技术特性而误读后面读者的图书。借、还图书均应提供即时打印的纸质收据，或以 E-mail、手机短信通知方式增加实时提醒功能，可设置成当读者至少选择其中一种提醒方式后方可进行借、还书操作。

作为人性化的图书馆也应考虑到有些读者并不愿意使用现代化技术，相比自助服务，可能更加信赖人工处理。同时，自助借还机可能会发生网络或系统故障，图书本身的物理损坏如标签失效、关联错误等情况，也必须要由工作人员手工处理。因此仍应部分保留总服务台手工借、还方式。

虽然高校图书馆对于 RFID 系统的使用规模相对小于公共图书馆，但集美大学作为中国第一家引进者，为中国图书馆界开阔了眼界，使人们开始了解并运用这一世界性的新技术。高校图书馆在 RFID 技术应用上具有很大的特殊性：学期周而往复，每年开学与学期末的借、还业务量井喷，同时导致书、刊归位工作量井喷；秋季学期要解答大批新生的各种简单、重复的事务性咨询，新生培训由于各种主客观原因覆盖率、实际效果都有待提高；春季学期则技术性业务偏多，如科技查新、查证、查引等，从而导致不同岗位人员需求量的不稳定性；多分馆模式广泛采用，书籍的归属、馆际传递中面临的实际问题也亟待解决。在如此复杂的条件下如能个性化运用 RFID 系统，必将对提升服务效率、服务质量带来很大的改观，并且使得各高校能够进一步完善服务模式，创新服务内容。

4. 国外相关应用案例

目前，美国图书馆在 RFID 应用方面居于世界领先地位，有超过 300 家图书馆应用了 RFID 系统，随后是英国与日本。在欧洲，RFID 在图书馆得到了广泛使用；澳大利亚有 10% 的图书馆也已经应用了 RFID 技术；在亚洲，新加坡、日本之外的其他国家和地区（如印度、阿拉伯联合酋长国、沙特、马来西亚等）的图书馆也相继采用了该项技术。2010 年，我国的香港大学图书馆拥有了 1200000 个 RFID 标签，成为高校图书馆中拥有 RFID 标签数最多的图书馆；美国的西雅图公共图书馆则是使用 RFID 系统最大的公共图书馆。

近几年，随着无线技术在图书馆领域的广泛应用，RFID 技术成为图书馆界关注的焦点技术之一。图书馆界的大型国际会议和欧美一些国家的专业年会上不断以此作为讨论会的主题。很多发达国家在完成

智慧图书馆建设与应用实践

RFID 技术开发的同时纷纷抢占图书馆 RFID 管理系统的应用市场,其中比较有影响的 RFID 系统供应商包括 CHECKPOINT(保点)公司、3M 公司和 TAGSYS 公司等。目前,不同的厂商在图书馆 RFID 系统中使用不同频率的标签,逐渐形成了国际标准 ISO(International Standards Organization)/IEC 18000、欧美 EPC(Electronic Product Code)Global 和日本的 UID(Ubiquitous ID Center)三项标准鼎立局面。这些标准相互之间并不兼容,在通信方式、防冲突协议和数据格式三个方面存在很大的差异。由于 RFID 在全球图书馆界的应用不断取得成功,世界各国 RFID 供应商也相继开发并不断完善其 RFID 管理系统,抢先占据图书馆市场,这些市场行为在很大程度上推动了图书馆 RFID 技术的发展,但也限制了 RFID 在图书馆的大规模应用。

(1)新加坡国家图书馆。2005 年,新加坡国家图书馆在众多企业中被认为是最创新且最成功的。作为一个非营利性机构,新加坡国家图书馆这一评估成绩十分出人意料,这主要是由于新加坡国家图书馆在如何将科技运用到读者服务中一直都有着高度的创新。

新加坡国家图书馆是第一个使用 RFID 技术来管理馆藏的图书馆,并一直致力于 RFID 应用技术的二次研究开发,引领着 RFID 在图书馆应用的潮流,其流通柜台的借、还书速度曾一度被认为是世界上最快的。在 2006 年,新加坡国家图书馆凭借 RFID 技术使得借阅率增长了 30 倍,而工作人员却减少了 2000 人。新加坡国家图书馆的 RFID 系统是与 TAGSYS 公司联合开发建设的,其 RFID 标签涵盖了书籍期刊、乐谱、CD、DVD 和录像带等类型,已全面采用 RFID 系统代替原有的条形码管理方式。图书馆的 RFID 系统主要包括以下几个功能模块:读者借还书系统、图书馆分拣及物流系统、图书数据及财产管理、图书盘点、书库管理模块。

读者通过扫描器完成图书借出及归还手续,通过与书籍查询功能相连的书架查找书籍;基于采集的读者数据,图书馆工作人员进行读者偏好分析,使图书分配和采购更加合理化。读者在使用自助式借还书系统时,只需将身份证或者借书卡插入读卡器,再将要借的书放在扫描器上扫描就可以自己完成借书手续;还书时只要把书投进还书口即可,传送设备会自动将书送到书库。使用这种技术后,新加坡国家图书馆的读者在高峰期等待时间比以前使用传统的条形码扫描技术时减少了 80%。

值得一提的是,新加坡国家图书馆分拣及物流系统非常具有创新和实用意识。图书馆与国家邮政局合作,建立了一个现代化图书物流系统。该系统将全国公共图书馆连成网络,读者可以在任何联网的图书馆借、还书,而邮政局每天把归还的图书送到分拣系统处理,然后确保在24小时内将图书送回原馆。利用RFID系统,使得图书流通—馆借书、全国通还,方便快捷。

（2）马鲁玛县图书馆。马鲁玛县图书馆位于美国的俄勒冈州,由1个主馆和18个分馆组成。图书馆馆藏近两百万册(包括书、CD、DVD、期刊、地图等),有约500名员工和90多名义工,服务于70多万人口,其中45万多人口拥有借书证,是全美流通量排名第二的公共图书馆。2010年,读者访问量5799497人次,流通量为22715292次,是俄勒冈州最繁忙的图书馆。

该馆于2009年开始建置RFID系统。在原有工作系统下,各种书碟片等资料在不同分馆间的借、还流通给工作人员带来了很大的负担,读者方便快捷找到自己所需资料的需求也很难得到满足,陈旧的系统更让图书馆的工作变得一团混乱,馆藏被盗、丢失事件常有发生。而让图书馆决定更换为RFID系统的更直接原因则是频繁的流通使得很多原有图书条码和纸质的借书证被磨损而失效。图书馆初步安装RFID系统的计划包括四个部分:已有的馆藏转换为RFID标签,新买图书都配备RFID标签,安装新的借书设备,安装安全门。如果图书馆所有资料的标签和操作运行顺利,后期可能会考虑引入自动分拣机来建立自动还书系统和图书管理系统。

相比于其他很多图书馆建置RFID系统的耗时,该馆计划要在短时间内完成他们的RFID项目——该馆在6个月内完成了规划任务,并预计在2年内完工。图书馆2009年4月招聘项目负责人,6月选定了供应商并在3个月内制定好了计划书,10月就已经开始实施RFID建置项目;2009年10月至2010年2月完成了对中央主馆系统的改造,2010年3月至10月完成了对其余分馆的改造。参与项目建设的人员包括一名全职项目负责人,七名兼职的项目带领人和全馆的工作人员。项目投入资金300万美元,得到了当地政府的大力支持。图书馆本馆高层管理者也非常重视RFID项目,在改造期间甚至减少会议、取消活动、关闭部分图书馆服务,一切事务以RFID项目为最优先。在全馆上下的共同努力下,这个时间安排相当紧张的项目终于得以顺利完成。事实证明这些努力是值得的,建置RFID系统之后,工作人员工作压力大大减缓,馆藏丢失现象也得到了很好的解决。

（3）卡迪夫大学图书馆。卡迪夫大学是英国最优秀的大学之一。它的图书馆由18个分馆组成，其中有些规模很小的馆馆藏少于1万，只有一个馆员。图书馆开展学科服务之后，为了把馆员从繁忙的流通服务中解放出来，更好地给用户提供个性化服务，2007年图书馆给3个分馆安装了RFID自助流通系统，2009年给第四个分馆安装了RFID自助借书系统。

图书馆引入RFID技术的想法始于2004—2005年，2006年开始着手做调研工作，调研内容包括本校对图书馆安装RFID系统的建议和地区范围内其他图书馆的RFID经验。最终，图书馆选定了3个分馆作为安装RFID的地点，另有一两个分馆作为备选安装点。由于减少了安装分馆的数量，每个安装的分馆有了更多的预算来安装更多的自助借还设备，并且还比原计划多安装了安全门禁。改造后的3个分馆有的移走了原有的部分流通台，有的移走了所有流通台，取而代之的是自助设备，工作人员则转移到别处统一办公。为了更好地利用这些自助设备，图书馆做了很多指引，方便读者使用这些机器。不到两个月的时间，读者就适应了自助借书，90%的读者都选择使用这些机器。2009年给第四个分馆安装RFID时，只安装了借书系统，没有安装还书系统。

在引入RFID系统过程中，图书馆一个非常重要的任务是向他们的馆员解释使用RFID的目的以及训练馆员使用RFID技术。图书馆反复向馆员们确认，使用RFID的目的并不是为了减员，而是为了给他们腾出时间和空间更全面、细致地给读者提供服务。而使用RFID之后，学科馆员确实有了更多时间去开展新的活动，包括宣传活动、信息素养培训、直接与院系师生沟通服务、制作学科博客、把图书馆手册做成Wi-Fi形式等，给这个忙碌的大学图书馆注入了新的活力。

（4）密德萨斯大学图书馆。密德萨斯大学是个由多校区组成的大学，在不同的校区分布着8个学习资源中心。学习资源中心主要承担着图书馆、计算机服务、声像资源服务和语言中心等职责。中心第一次接触RFID是在2003年丹麦发表新RFID标准的ISO会议上，随后又在国际图联会议上听取了关于RFID的报告。由于当时学校正打算建立一个新的学习资源中心，新馆将拥有500000的馆藏量（包括两千张CD和DVD）、服务于8000多名学生，经过对RFID的一系列接触和了解，学习资源中心决定在新馆引入这项新技术。

第四章 智慧图书馆技术支持

2004年，中心开始进行RFID调研，在调研中他们与开发商重点确认的一件事就是——开发商提供的RFID系统是适应于任何使用ISO标准的标签，不会受限于某一专用标签。由于当时开发商提供的可以与中心正在使用的Horizon系统兼容的RFID系统只有一套，这让软件方面的选择变得很简单。在硬件方面，他们购买了四台自助借书设备、三台还书设备和一套分拣系统。在建置RFID系统的过程中，最紧张的工程就是将书从旧馆搬到新馆并贴上标签，最终这一庞大的工程是由学生来完成的，并在2004年9月新馆开馆时投入了使用。虽然第一天开馆时系统很不幸地因不能登录而出错失效了，并且随后有两台自助借书设备先后出现问题，但是这些RFID设备还是很快就被用户接受并成为图书馆日常工作的一部分。

由于密德萨斯大学应用RFID技术相对较早，当时技术还不够成熟，他们的RFID系统后来被证明时常会出现问题，自助借、还的使用率也不到20%，然而还是分担了馆员的很多工作，增强了馆藏的安全性，提高了图书馆的运作效率，受到了工作人员的欢迎。

（二）蓝牙技术在图书馆的应用

1. 蓝牙技术概述

2009年12月，蓝牙技术联盟（Special Interest Group，SIG）正式推出了采用低耗能版本蓝牙核心规格4.0版的升级版蓝牙低耗能无线技术，将蓝牙技术应用延伸至医疗、保健、运动、健身、家庭娱乐等全新市场。4.0版蓝牙拥有着低耗能、更大的传输范围、支持拓扑结构等特性，这与ZigBee Alliance制定的ZigBee标准十分类似。SIC并没有将蓝牙技术仅局限在民用的消费级应用上，随着物联网发展的加速，蓝牙技术的未来仍将是工业化应用。

蓝牙是一种支持设备短距离通信（一般10m内）的无线电技术，能在包括移动电话、PDA、无线耳机、笔记本电脑、相关外设等众多设备之间进行无线信息交换。它的一般连接范围是10m，通过扩展可以达到100m；不限制在直线的范围内，甚至设备不在同一间房内也能互相连接。蓝牙设备有两种组网方式：微微网（Piconet）和散射网（Scatterne）。在微微网中，多个蓝牙共享一条信道，其中一个为主单元，最多支持7个从单元。具有重叠覆盖区域的多个微微网构成散射网，从单元时分复用

智慧图书馆建设与应用实践

的方式参加不同的微微网,一个微微网中的主单元可以作为另一个微微网的从单元。不过,使用蓝牙技术的最大障碍是相对于其他技术来说还是过于昂贵,这就使得许多用户不愿意花大价钱来购买这种无线设备。

2. 蓝牙技术在图书馆的应用体现

蓝牙技术相对于其他技术来说,目前应用比较少,相应的文献不是很多。本节介绍两个应用案例。

基于蓝牙技术,针对开放式借阅方式的乱架问题,可以设计一套高校图书馆开架式流通管理方案。其思路是:假如可以随意放置图书,只要馆员在放置这些图书的同时,记录下来当前放置的位置(存放在当前位置的"架位号",而不是该放置位置的"排架号"),盘点时候把该图书的"架位号"输入计算机中,当读者需要寻找该图书时,可通过计算机检索,检索到放置该图书的当前位置,即"架位号"找到该图书。具体操作时,馆员可以利用支持蓝牙技术的无线条码阅读器,在移动中进行条码阅读,把图书当前的架位进行编号,并用条形码进行表示,在将图书上架的同时,通过专用的管理信息系统,就可以把每册乱架图书的图书当前位置——"架位号"输入管理信息系统中,这样就确定了图书所在的"架位号"以方便计算机检索和读者查找。

此外,为了解决馆内外或校内外大量的便携式电脑、手机等用户随时、随地、随机、随身访问需求,可以利用现有图书馆有线网络服务系统,按相隔一定的距离安装 BLIP(蓝牙本地信息娱乐点),根据蓝牙技术传输特点、BLIP 特性以及周围环境情况进行部署,这时被蓝牙无线网络覆盖的区域内,读者可以通过支持蓝牙的设备,比如笔记本电脑、智能手机等在任何时间都可以查询和接收图书馆的各种信息。BLIP 是蓝牙接入点基站,或称为接入点服务器,它的一端通过有线网口与原有网络信息服务系统相连,另外一端通过蓝牙无线收发器、蓝牙无线网卡同蓝牙设备相连,从而实现这些蓝牙设备无线接入有线网络,访问图书馆的信息资源或服务。

(三)Wi-Fi 技术在图书馆的应用

1.Wi-Fi 技术概述

Wi-Fi 是一个国际无线局域网(WLAN)标准,全称为 Wireless

Fidelity,又称 IEEE 802.11b 标准,是 IEEE 定义的一个无线网络通信的工业标准。该技术使用的是 2.4GHz 附近的频段,该频段目前尚属没用许可的无线频段。其主要特性为:速度快,可靠性高,组网的成本较低。

Wi-Fi 作为蜂窝移动通信的补充,Wi-Fi 和 3G 应用的互补体现为两种网络技术在移动通信技术发展中将实现局部的融合,各自发挥优势、扬长避短,互补趋势集中体现在以下几个方面。

(1)语音和 VoWi-Fi。相对于满足大话务量、多用户数的 3G 技术,基于 IP 技术的 Wi-Fi 网络更适合开展广播式的语音业务(PTT、多方会议、长途通话、广告发布等)。

(2)广域覆盖和区域覆盖下的数据业务。相对于 3G 技术覆盖范围大、快速移动时仍能保持 144kb 的数据速率的特点,Wi-Fi 技术在特定区域内满足用户高速数据传输的需求具有绝对优势。

(3)无线信道资源的利用。3G 分配的频率资源是有限的,而数据业务对信道的占用率极高,影响其同时接入的语音用户数量。如果规划特定区域(比如商业中心人群密集区)内把数据业务转移到 Wi-Fi/WiMAX 的公共数据通道无疑将大大提高 3G 无线网络资源利用率。

2. Wi-Fi 在图书馆的应用体现

基于 Wi-Fi 的指纹自适应室内定位方法,可以在图书馆内实现人员的智能定位。方法是把图书馆室内实际环境中的位置和某种"指纹"联系起来,一个位置对应一个独特的指纹。该定位系统的硬件主要包括三类设备:智能手机终端、无线接入点和服务器。智能手机终端主要用于采集定位所需的相关信息;无线接入点不仅用于提供客户端采集所需的无线信号数据,同时为客户端与服务器连接提供数据通路;服务器主要包括数据采集处理服务器、数据库服务器、地图导航服务器,它们协同工作,处理来自客户端的定位请求。

为了实现图书馆馆舍内的环境舒适性和节能性,还可以针对图书馆环境监测的特点,遵循物联网架构,研制一种图书馆馆舍环境感知的传感器节点设备,并搭建馆舍环境智能监测平台。采用 Wi-Fi 网络技术,通过一种可靠、实用的自动组网方法,可以实现环境参数在无线传感器网络中的多跳数据传输。分布在各个阅览空间的传感器节点组成一个无线传感器网络,测量数据统一汇入监测数据中心进行综合分析和存储,并将分析结果通过图书馆运行系统数据墙,直观地显示给读者和工作人员。

(四)ZigBee 在图书馆的应用

1.ZigBee 技术概述

物联网中布置了大量的节点,这些节点不仅数目众多而且分布广泛,有很多处于室外的采集节点无法连接到电网,所以在进行无线传输的时候,要考虑到带宽、传输距离以及功耗等因素。

在物联网技术出现之初,已有的无线协议很难满足低功耗、低花费、高容错性的要求。此时 ZigBee 技术的产生带来了福音。

ZigBee 无线技术是一种全球领先的低成本、低速率、小范围无线网络标准。ZigBee 联盟是一个基于全球开放标准的研究可靠、高效、无线网络管理和控制产品的联合组织。ZigBee 联盟和 IEEE 802.15.4 WPAN 工作组是 ZigBee 和基于 IEEE 802.15.4 的无线网络应用标准的官方来源。

ZigBee 拥有 250kbit/s 的带宽,传输距离可达 1km 以上。并且功耗更小,采用普通 AA 电池就能够支持设备在高达数年的时间内连续工作。近 10 年来,它应用于无线传感器网络中,非常好地完成了传输任务,同样也可以应用在物联网的无线传输中。

2.ZigBee 在图书馆的应用体现

针对磁条检测防盗具有检测率低、易产生误报或漏报、系统电路复杂、集成度低、故障率高、不能实时可靠地反应图书馆的运行状况等问题,基于超高频 RFID 技术和 ZigBee 技术可以构建一种新的图书馆无线智能监控通道。该通道系统通过 RFID 读卡器实现图书的防盗报警,通过热释电红外技术实现人流量统计,通过 ZigBee 技术实现图书报警信息和人流量统计等信息的无线传输到连接服务器的 ZigBee 协调器,服务器对数据进行分析和处理,并把分析和处理结果发送到显示的终端设备,从而提高了图书防盗的检测率和图书馆的工作效率。

为了解决高校图书馆自习座位管理系统实时性不强、缓解乱占座等问题,提高座位使用率,人们研究了一套座位管理机制,提出了一种"设置座位获取优先级"的办法,并采用 ZigBee 技术进行实践。所设计的图书馆智能座位管理系统通过硬件监控的方式,对座位进行实时监控,并设置座位选择优先级和"近程""远程"相结合的选座规则。

通过对图书馆的环境监控进行研究,可以克服传统图书馆环境监控系统的布线麻烦、设备可移动性不强、精度差等缺点。基于 ZigBee 无线通信技术的环境监控系统,可以检测采集环境条件中的温度、湿度和光强度等参数,通过无线传输由网关节点进行收集,并且发送到 PC 机,由上位机监控软件对网络采集的数据统一管理和分析。

一些监控方案不仅能够实现图书馆内温湿度、光照度、灰尘度和有害气体的检测,并且还可以通过 ZigBee 网络对空调机、除湿机、通风机和日光灯等进行控制,实现室内环境的自动调节,同时通过 GPRS 网络把环境数据传送到后台,从而实现图书馆环境的现场检测、调控及后台综合管理。在图书馆中的其他应用,还有智能照明、防火监控等。

(五)Beacon 技术在图书馆的应用

1.Beacon 技术概述

什么是 Beacon？ Beacon 技术最简单的理解可以是一个小型的信息基站,而多个 Beacon 能构成信息服务网络。Beacon 能做什么？室内导航、移动支付、店内导购、人流分析——总之跟人在室内的互联网活动都能联系上。

Beacon 硬件是一个室内数据的解决方案。Beacon 技术做到的是以廉价硬件通过低功耗蓝牙的方式向网络内的移动设备捕捉和推送信息。零售店铺、大型会场学校等所有的室内场所都能用上。

iBeacon 是苹果公司在 2013 年推出的低功耗蓝牙技术,通过 iBeacon 基站创建一个信号区域,当设备进入该区域时,用户便能使用智能设备来传输数据。经过一年多的发展,iBeacon 技术已大量运用在近场信息传输、场景化方案和室内地图上。

2.Beacon 在图书馆的应用体现

通过研究 Beacon 技术在国内外应用的实例,结合图书馆的特点和实际情况,可以证实该技术在图书馆应用的可行性,基于此,有研究人员提出基于该技术可以实现活动消息推送、馆藏导航、阅读推广、感应借书、阅览室座位管理、阅读分享互动、活动签到等功能。

通过分析二维码在信息标识方面对基于 Beacon 的智慧图书馆应

用。研究人员认为基于 Beacon 的智慧图书馆应用服务的基础是信息的标识感知与处理，而二维码作为信息标识与识别领域的关键技术，在读者标识、图书标识、座位标识、阅读推广服务标识方面，能够和 Beacon 技术充分配合，共同构建完善的智慧图书馆应用方案，满足图书馆服务的智能化需求，为读者创造全面的智慧服务体验。

在开发模式下的图书馆微信平台经认证后可以搭建 Beacon 应用平台，实现类似"摇一摇周边"的简单应用服务，北京市委党校图书馆微信服务号已经通过此应用服务实现讲座互动。

基于 Beacon 的移动图书馆应用方案比现有的图书馆基于位置的服务（LBS）构建方案具有更好的情景感知性、易用性和经济性。应用方案包括无缝式服务签到、情景化服务互动、黏着式服务推广。

结合图书馆实际情况，从应用实践的角度出发，人们提出了 Beacon 技术在图书馆信息服务中的应用规划与系统设计方案，由此可以实现智慧图书馆个性化信息的推送，为每一位读者带来全新的服务体验。

有研究人员提出了 5 种基于 Beacon 的图书馆 LBS 应用方案，包括消息推送、馆内导览、读者行为分析、情景式信息素养培训和馆内导航。结合应用方案，设计了基于 Beacon 的图书馆 LBS 应用的系统功能、系统架构和硬件部署方案。通过建设基于 Beacon 的图书馆 LBS 应用可以为读者提供情景驱动式的智能化服务，提高图书馆服务质量。

（六）NFC 技术在图书馆的应用

1.NFC 技术概述

NFC（Near Field Communication，近距离无线传输）和 RFID 类似，是一种短距离无线通信技术标准，和 RFID 不同的是 NFC 采用了双向的识别和连接。在 20cm 距离内工作于 13.56MHz 频率范围，NFC 能快速、自动地组建无线网络，为蜂窝设备、蓝牙设备、Wi-Fi 设备提供一个"虚拟连接"，使电子设备可以在短距离范围进行通讯。

2.NFC 在图书馆的应用体现

通过分析 NFC 技术在图书馆的应用和展望，认为 NFC 将广泛应用于图书馆的手机读者证、信息推送、数据传输和移动支付等方面，实现图书馆的服务创新。

第四章 智慧图书馆技术支持

有研究人员对 NFC 技术的技术特点、工作模式以及图书馆引入 NFC 技术具有的优势进一步做了阐述，结合一个实际的产品案例，实现了校园一卡通的功能。

有研究人员分析了 NFC 技术在图书馆的应用，同时对图书馆如何利用 NFC 技术开展智能服务以及目前面临的问题进行了探讨。

有研究人员讨论了 NFC 技术应用于图书馆领域的各种可能，包括身份识别、消费支付、路线导航、图书浏览、自助借还书、自动复印、信息获取与共享阅读等。

有研究人员对 NFC 技术应用于手机自助借书、还书、移动支付、信息获取与分享等移动服务进行了探讨。并论述了 NFC 自助借还书 App 的设计，以及读者认证登录、图书馆藏与预约、图书借阅与归还、图书查询与续借、图书转借等功能。

有研究人员主要研究和探索了 RFID 智能图书馆系统中 NFC 技术的信息交互应用。为 NFC 技术在 RFID 图书馆中的研究提供了理论基础和应用方案。

综上分析可以发现，NFC 技术在图书馆中的具体应用主要体现在如下几个方面。

（1）身份识别。利用 NFC 技术，图书馆中的门禁设备和借还设备可以使用带有 NFC 功能的手机进行身份识别，因为手机的 NFC 工作在卡模拟模式时，其本身就相当于一张 ID 号唯一的卡片，对读者的身份进行绑定，就可用于身份的识别。当然该功能也可以用于校园一卡通，完成比如吃饭、校内消费等服务。

（2）支付功能。图书馆需要用到支付功能，如书籍的超期罚款、资料的打印复印，以及其他在图书馆的消费等，当读者卡绑定 NFC 时，可以利用手机 NFC 功能直接支付这些花费。这种方式比较适合于公共图书馆，而一卡通更适合高校图书馆。

（3）自助借还书。NFC 技术与读者卡集成后，在图书馆借还书时，读者直接使用带有 NFC 功能的手机接触图书的 RFID 标签，就可以实现图书借书、还书功能。特别适合人工借还的工作量大和自助借还机满足不了需求的情况。

（4）编目和流通。随着技术的进步，硬件成本的降低，有一天出版社可以采用 NFC 技术，把用于图书编目的 MARC 数据直接写入 NFC 芯片，并把芯片内嵌到图书中，那么图书馆采购后就可以直接利用 NFC 读取设备,把编目数据直接输入系统,将极大提高编目的效率和数据的准确率。图书馆编目时将图书馆的架位号等信息写入芯片,就可以实现图书的检索和定位。

(5)自助存包。NFC技术可以应用于图书馆的自助存包柜,这时用NFC手机代替传统锁具和钥匙以及条码纸控制柜门开关。读者存包时按操作键盘中"存"键,刷一下NFC手机,自助存包柜识别手机并生成NFC标签信息。读者取包时按操作键盘中"取"键,刷手机中的NFC标签对读者身份进行认证,实现开柜取包功能。

(6)图书漂流。采用NFC技术后,漂流图书也可加NFC芯片,读者由于用了授权的带有NFC功能的手机,可实现对漂流图书的借还。

(7)NFC打印服务。接触NFC打印机可以打印读者NFC手机里的文档、图片、网页等资料,实现资源的复制,并自动收费,操作简单,能避免损伤书籍和终端设备不兼容等障碍。

(8)采访交接。书商按照图书馆采购订单配送图书,交接时,不用清点,而是双方使用NFC手机接触就能交换采购订单和到货清单,帮助图书馆轻松完成清单签收和图书交接。

(9)设备控制。在设备中加入NFC芯片控制后,利用装在手机上的设备管理系统对设备的参数进行设置,设置好后,利用NFC功能,手机往控制设备的NFC芯片上靠近,就把数据写入NFC,然后控制系统就根据NFC中设置的参数进行工作。

一些图书馆内供读者使用的电脑、笔记本等设备也可以通过NFC手机接触才可使用,并可控制使用的时间,甚至也可收取使用费。相信随着技术的发展,越来越多的设备会加进NFC控制,将来的设备管理将更加便捷。

第二节　云计算技术及其在图书馆的应用

云计算(Cloud Computing)是分布式计算的一种,指的是通过网络"云"将巨大的数据计算处理程序分解成无数个小程序,然后,通过多部

第四章 智慧图书馆技术支持

服务器组成的系统进行处理和分析这些小程序得到结果并返回给用户。云计算中的云一般都较大,规模可以动态伸缩。

一、云计算的服务类型

云计算从一开始就以实现 EaaS 为首要任务。从体系结构上看,云计算的底层由硬件组成,在此基础上分别是 IaaS、PaaS 和 SaaS。

(一)基础设施即服务(IaaS)

IaaS 指的是以服务形式提供服务器、存储和网络硬件。这类基础架构一般是利用网格计算架构建立虚拟化的环境,网络光纤、服务器、存储设备、虚拟化、集群和动态配置软件被涵盖在 IaaS 之中。在 IaaS 环境中,用户相当于在使用裸机和磁盘,虽然可以在其上运行 Windows 或 Linux,做许多事情,但用户必须自己考虑如何让多台机器协同工作。由于 IaaS 是供公众共享的,因而资源使用率会较高。

IaaS 提供接近于裸机(物理机或虚拟机)的计算资源和基础设施服务。IaaS 的典型代表是 Amazon 的云计算服务(Amazon Web Service,AWS)的 AWS 平台,它提供了两个典型的云计算平台:弹性计算云 EC2(Elastic Computing Cloud)和简单存储服务 S3(Simple Storage Service),EC2 完成计算功能,在该平台上用户可以部署自己的系统软件,完成应用软件的开发和发布。S3 完成存储计算功能,S3 的基础窗口是桶,桶是存放文件的容器。S3 给每个桶和桶中每个文件分配一个 URI 地址,因此用户可以通过 HTTP 或者 HTPS 协议访问文件。收费的服务项目包括存储服务器、带宽、CPU 资源以及月租费。

IaaS 的关键技术及解决方案是虚拟化技术。使用虚拟化技术,将多台服务器的应用整合到一台服务器上的多个虚拟机上运行。其中,有 5 台独立的服务器,每个服务器有其相应的操作系统和应用程序,但每台服务器的利用率都很低,为了充分利用服务器,将 5 台服务器上的应用整合到一台服务器上的多个虚拟机上运行,其利用率大大提高。计算虚拟化提高了服务器资源的利用率,安全可靠地降低了数据中心总所有成本 TCO(Total Cost of Ownership)。

虚拟化技术的一些主要功能可以用来应对数据中心面临的挑战,这些主要功能之一就是分区。虚拟化技术的另一个主要功能是隔离。

101

(二)平台即服务(PaaS)

PaaS 是在 IaaS 之上的一层,这种形式的云计算把软件开发环境作为一种服务来提供,指的是以服务形式将应用程序开发及部署平台提供给第三方开发人员。这种平台一般包含数据库、中间件及开发工具,均以服务形式通过互联网提供。

PaaS 是把应用服务的运行和开发环境作为一种服务提供的商业模式,即 PaaS 为开发人员提供了构建应用程序的环境。

(三)软件即服务(SaaS)

SaaS 指的是通过浏览器将应用程序以服务形式提供给用户,应用程序可以是公有云提供商提供的商用 SaaS 应用,或私有云提供商提供的商用或定制的 SaaS 应用。这种类型的云计算通过浏览器把程序提供给成千上万的用户使用。

SaaS 是一种基于互联网提供软件服务的应用模式,不需安装相应的应用软件,打开浏览器即可运行,并且不需要额外的服务器硬件,实现软件(应用服务)按需定制。

在传统的业务授权方式中,业务提供商负责整个业务提供过程中的全部工作,包括业务逻辑信息管理、业务资源存储、业务资源提供等。当用户向业务提供商申请某种业务时,业务提供商首先根据用户的用户名和密码等信息对用户进行身份认证,然后根据用户的权限信息对用户申请的业务进行访问控制,最后根据用户的访问控制信息和业务逻辑信息调度业务资源,为用户提供业务。

而在云计算环境下,传统的业务授权方式具有明显的缺点。首先,业务提供商向用户提供业务的效率低。因为业务提供商需要从云服务提供商获取业务资源后,再向用户提供业务。其次,业务提供商的服务负载高。因为业务提供商需要首先调度业务资源,然后才能向用户提供资源。当用户数量庞大,业务提供商调度和提供资源的负载就会很高,这就需要增加业务提供商的资源投资,从而失去业务提供商利用云计算实现降低资源投资的意义。最后,用户访问业务资源的方式有限。因为用户只有通过业务提供商,才能获取相应的资源。

为了解决上述问题,云计算环境下的业务提供方式可以采用用户通过业务提供商颁发的凭证直接访问云计算服务提供商的方式使用户获取业务资源,而且这种方式还保护了业务提供商的用户信息。根据用户获取凭证内容的不同,用户有两种获取资源的方法。

(1)用户从业务提供商获取的访问凭证包括业务资源信息、业务逻辑信息和访问控制信息等。用户可以通过此凭证直接访问云服务提供商,云服务提供商根据此凭证直接向用户提供业务资源。

(2)用户从业务提供商获取的访问凭证包括业务资源信息,但不包括业务逻辑信息和访问控制信息。当用户通过此凭证直接访问云计算服务提供商时,云计算服务提供商需要首先根据此凭证向业务提供商获取业务逻辑信息和访问控制信息,然后根据业务逻辑信息和访问控制信息向用户提供业务资源。具体步骤如下:

①用户向业务提供商申请资源信息,业务资源信息可为各类业务资源的 ID 等。

②业务提供商根据用户申请,向用户提供相关资源信息。

③用户向云计算服务提供商发送业务资源信息,请求访问业务资源。

④云计算服务提供商确认用户请求中是否携带该资源的访问控制凭证。在没有凭证时,云计算服务提供商根据请求中携带的资源信息获取相应的业务提供商信息,并向该业务提供商发送资源访问控制请求,其中资源访问控制请求中携带用户的标识信息和业务资源信息。

⑤业务提供商根据用户的标识信息对用户进行身份认证和访问控制,颁发该业务资源的访问控制信息给云计算服务提供商;资源访问控制信息包括业务资源授权信息。

⑥云计算服务提供商对接收的资源访问控制信息进行认证,并向认证通过的用户提供相应的业务资源。

针对上述两类不同的方法,第一类方法的用户从业务提供商获取的凭证中包括权限信息,从而减少了云计算服务提供商获取权限的过程,因此访问业务的效率相对较高。而第二类方法的用户可以更灵活地使用业务,用户可以利用授权凭证随时随地使用业务。因为用户获取的凭证信息相对简单,存放、传输等要求低,并且云计算服务提供商向业务提供商获取用户的权限信息,减少了权限信息的传输环节,降低了权限信息被窃取的风险。

103

二、云计算为图书馆带来发展机遇

在云计算环境下,用户形成了"购买服务"的使用观念,他们面对的不再是复杂的硬件和软件,而是最终的服务。用户不需要购买硬件设施实物,节省了购买费用,同时可以节省等待时间(漫长的供货周期和冗长的项目实施时间),只需要把钱汇给云计算服务提供商,就能立刻享受服务。云计算的最终目标是将计算、服务和应用作为一种公共设施提供给公众。云计算必将改变数字图书馆的管理模式、服务模式和功能定位。

(一)降低了数字图书馆的管理成本

云计算简化了信息技术架构的实施,即信息技术的应用可以像水、电、煤气等公众设施一样,随时定制、随时取用、按需付费。图书馆内大量的电子资源,不论是自建的,还是购买的,都可以存储在"云"上,而不再需要"镜像"在本地存储设备上。"云存储"化解了电子资源数据剧增与存储空间不足的矛盾,化解了知识信息剧增与图书馆馆藏能力有限的矛盾。"云存储"提高了电子资源的利用率。构建标准化、低成本的"云存储",实现资源的共建、共享。

(二)加快资源整合过程

云计算最重要的思想是"整合"。云计算具备全部的硬件能力,还可以将其存储的数据进行整合和应用。在图书馆系统内,各种资源(如电子资源、馆藏书目数据、自建数据库等)可以被一个"云"整合在一起,信息高度融合,构筑"信息共享空间",即"行业云"或"区域云",使读者能够享受到更全面、更专业的云服务。

(三)促进"泛在图书馆"服务的实现

"泛在图书馆"作为图书馆未来的发展趋势,我们把它理解为一种不受时间和地点限制地获取信息资源服务的图书馆。"泛在"指出了未来图书馆服务的便捷性和广泛性,而云计算恰恰为这种新兴的图书馆形式奠定了技术基础。云计算整合的对象并不止于计算机,还整合了笔记本电脑、手机等移动终端,为之提供强大的无线网络功能。随着云技术的深入应用,随时随地获取信息资源将很快就能够实现。

三、基于云计算数字档案馆提供创新性云服务

建设基于云计算的数字档案馆,可以推动档案云服务平台的应用,使其系统得到有效运营和维护,充分发挥档案信息云服务的作用,服务于有不同需求的档案用户。基于云计算数字档案馆提供创新性云服务是当前档案信息服务模式的重要趋势。

基于云计算构建数字档案馆能够实现从全局角度出发统一管理全国的数字档案信息资源,使档案信息服务工作人员可以在更加便捷的平台上开展工作。在对数字档案馆的服务模式进行改进和创新的过程中,应适当保留档案馆原有的特色档案服务,同时兼顾当下档案利用者的各类需求,从而提升服务质量和效率。

(一)数字档案信息资源

基于云计算的数字档案馆可以使数字档案信息资源的利用率明显提升,满足不同利用群体的各类需求。目前,向公众开放的机密档案不断增多,可供人们利用的档案信息也大量增加,档案信息的利用范围不断扩大。因而,为了满足利用者不断增长的信息需求,数字档案馆应该广泛收集实体档案馆的各类馆藏资源,将其进行数字化,从而加强建设档案云服务数据库。

(二)档案云服务基础

档案云服务基础是数字档案馆提供云服务的基础,作为数字档案云服务的操作平台,其主要由服务器、交换器、虚拟机、操作系统等硬件设施构成。

(三)档案云服务控制

在数字档案馆提供云服务的过程中,档案云服务控制占据核心地位,其主要工作内容为数据管理、用户管理、员工管理、系统管理、系统维护等。实际上,就是管理档案资源、服务器、虚拟机、交换器、操作系统等设备,使数字档案馆能够健康运营,有助于档案云服务应用的实现。

智慧图书馆建设与应用实践

（四）档案云服务应用

作为数字档案馆云服务实现的重要环节，其包括档案的收集、整理、利用、保存、借阅、统计等基础管理性工作。利用档案云服务应用，可以实现数字档案信息资源与用户二者的有效连接，进而构建档案云服务网络，使用户的借阅流程和档案工作人员的实际工作更加简便。

（五）用户终端设备

用户终端设备指的是档案用户操作数字档案馆云服务平台的端口服务，任意的移动终端都可以作为用户终端设备，例如电脑、iPad 和手机等。档案馆、档案室以及其他档案管理机构和公众均能任意地浏览、使用数字档案馆存储的数字资源，使用户能够更加方便地获得所需要的信息。

从理论层面来看，采用云计算来建设数字档案馆是较容易实现的，不过，在实际应用中，该工作的实现却面临着很多挑战，这就对档案工作人员提出了更高的要求，需要他们树立对档案信息服务模式进行创新的勇气与目标，并坚持做好本职工作。

四、云计算在图书馆的应用

过去图书馆一般采取直连式存储（Direct-Attached Storage，DAS）、网络接入服务器（Network Access Server，NAS）和存储区域网络（Storage Area Network and SAN Protocols，SAN）三种技术进行数据的存储，但随着数字图书馆建设取得的巨大成就以及智慧图书馆建设的推进，出现了图书馆信息系统海量数据的增长、数据种类繁多且结构复杂、磁盘设备存储能力有限等问题，这时传统技术很难满足对数据的备份、扩展和恢复的需求。从技术方面主要表现在：

（1）图书馆信息资源海量增加。尤其是采用了门禁、监控、RFID 等系统以后，数据更新频繁且变化无常，对图书馆现有的数据管理、备份、存储设备等提出了挑战。

（2）有些图书馆的 IT 基础设施比较落后。在服务器、存储及备份系统等基础设施更新改造时，可以考虑私有云建设，发挥云计算在建设方面费用少的长处，更好地为图书馆提供服务。

（3）读者对信息服务的需求日益提升。这就要求图书馆的信息网络资源要保证读者可以从任何地点、任何设备接入服务和数据；同时要做到信息共享更加容易和方便，信息更新更加及时，信息利用更加简便。

按照云计算提供者与使用者的所属关系，可将云计算分为四类，即公有云、私有云、混合云和行业云。而图书馆在这四种云计算机模式中都有应用。图书馆利用的云计算模式大致可分为：公有云模式、独立或总分馆私有云模式、混合模式、行业模式等。

(一) 公有云模式

图书馆把数据或信息系统放在云服务商提供的"云"上，通过互联网对数据或信息系统进行管理，这是一种典型的公有云服务应用模式。比如，在阿里云、腾讯云等云平台上可以分别搭载书目、自荐数据、电子资源目录的检索、定购、电子邮件、博客等业务服务。图书馆的业务究竟搭载到那朵云上，要根据自己的实际应用来定。

这种模式适用于一些小规模的图书馆，或者图书馆的一些不太敏感的信息系统或数据。一些小规模图书馆不想创建或维护自有的基础架构或应用，可以选择这种模式。这种模式按时间收费租用虚拟机，可以大大减少图书馆内部的 IT 成本开支。

(二) 独立或总分馆私有云模式

现阶段图书馆采用最为典型的模式应该是独立或总分馆模式。独立就是没有分馆的情境下，而总分馆却是有分馆情况下使用，比如一个高校可能有几个校区的分馆，一个市级的图书馆有一些县区级的分馆。在总分馆的模式下，总馆肩负着中心节点的职能，承担"云服务"提供者的角色，提供本地数据中心或其他业务支持。总馆和分馆都是"云服务"的使用者，直接将业务负载于"云"上，几乎所有的业务支持系统和资源服务系统都通过总馆的"云"来提供。这样，总馆可以利用云计算平台，进行数字资源的整合、组织、关联、导航甚至可视化服务。每个分馆背后都以互联互通的图书馆网作为支持，通过网络协议实现馆际互借、资源共享。这种模式对总馆来说提供的是私有云服务，而对分馆来说，在某种层次上算行业云的服务。

根据目前国内的实际情况，很多图书馆都建立了自己的私有云平台，可以说目前图书馆利用云计算技术时搭建自己的专属私有云是主流，本节主要介绍一些相应的研究成果。

图书馆私有云的建设，在云计算技术开始不久的 2011 年，就有研究人员构建了数字图书馆私有云平台，随后利用开源平台，搭建了数字图书馆私有云基础设施，并和外部存储集成，并进行了相应的测试。还有人分析了云计算给高校图书馆带来的影响，以及应用中应考虑的问题。

根据云计算的技术，特别是私有云的建设，以虚拟化为基础，可以搭建高校图书馆云计算平台，并提出比较成熟的解决方案。

针对数字图书馆建设中资源浪费的问题，基于 Xen Cloud Platform 的服务器虚拟化构架，人们讨论多个增值服务来解决私有云建设过程中的关键问题，提出了图书馆私有云的开源基础构架解决方案。

图书馆私有云平台的架构，以微软 Hyper-VCloud 为原型，在身份认证架构和虚拟基础设施平台基础上，实现不同用户自助使用图书馆软、硬件资源的服务，简化基础设施和系统平台的管理，提高业务管理和服务平台的可用性。

有研究人员论述了私有云在图书馆的应用，并对其优势进行了分析；阐述了图书馆私有云建设的必要性。通过底层操作系统、虚拟化方案、云平台的选择介绍了图书馆业务系统私有云的框架选型，并介绍了基于 OpenStack 的图书馆业务系统私有云的部署流程。

一般情况下私有云架构有两种，一种是先虚拟化再集群，另一种是先集群再虚拟化。前者要建立虚拟机的集群，需要的服务器数量小，软硬件均有高可用性，缺点是部署及配置管理复杂，空间可能会造成浪费。后者是先将虚拟主机建立集群，虚拟机运行在集群上，这样硬件不仅可达到高可用性，存储空间也可按需分配，部署及配置管理相对比较简单，缺点是所需服务器数量多，软件无法达到高可用性。

在图书馆私有云方面，虽然很多图书馆都建立了自己的专属私有云，但总体来说，相应的公开发表的文献不是很多，主要原因可能是图书馆把云计算底层的事务交给了云计算提供商来处理，而图书馆的技术人员更多关注的是应用的层面、使用的层面。在这方面，正是体现了云计算在图书馆应用方面的优势。

（三）混合模式

混合模式是指图书馆一方面利用一个或多个云计算提供商提供公

有云服务，另一方面还在本地构造私有云服务。利用混合模式，可以把一些信息系统，比如目录服务、馆际互借、联合咨询、联机编目、软件共享等放在公有云上，这样对互联网用户来说，访问的速度也许更快一些，同时也节省了私有云的建设成本；另外对一些海量数据，需要大数据处理的系统可以放在私有云上，方便对这些数据进行分析和处理。

（四）行业云

行业云模式是指图书馆行业联合起来组成行业联盟，各个图书馆提供自己的资源，由联盟组织进行统一的管理，向联盟馆提供统一的服务。

20世纪末，随着新一代网络和信息技术的广泛应用，图书馆在文献信息的生产、传播和服务模式面临着新的挑战。在知识越来越多样、信息越来越巨量的环境下，单个图书馆的资源、经费、设备与人力，已不可能满足本馆读者专业化和深层次的需求，这就为图书馆之间进行合作提供了可能，图书馆联合起来共同面对读者提供透明的服务。同时，由于技术应用越来越深入到图书馆各个方面，单馆的技术能力已经远远满足不了技术应用的需要，整合各馆的技术力量，通过馆之间的技术合作以及和相关厂商的技术合作，发挥联盟的优势成了当务之急。

中国高等教育文献保障体系（CALIS）正是在这一背景下产生的。据其官网介绍，CALIS可以提供易得文献获取服务、易得学术搜索服务、外文期刊网服务、CALIS联合目录服务、CALIS共享系统服务、CALIS与上图的馆际借书服务、CALIS与NSTL的文献传递服务、电子书在线阅读和租借式借阅服务、CALIS中文期刊论文单篇订购服务等九种服务。

其中的CALIS共享系统服务采用云计算技术构建了中心云服务平台和共享域云服务平台，可以支撑百家左右的图书馆在同一个共享域内实现业务操作，切实改善了图书馆共享的服务模式，实现资源、平台、服务、数据共享。共享域是指按地域、学科等类型组成的图书馆联盟，分实体共享域和虚拟共享域两类。CALIS共享系统服务就是通过在共享域内部署云服务平台，为共享域内成员馆提供普遍服务和个性化服务。利用CALIS共享系统服务，可以灵活定制、即时部署、快速集成CALIS研发的一系列共享软件。

CALIS从启动建设至今20多年来，国家累计投资4.4亿元建设资

智慧图书馆建设与应用实践

金,建成以高等教育文献服务体系、CALIS 应用软件云服务(SaaS)平台、CALIS 联机编目体系、CALIS 文献发现与获取体系等为主干,以各省级共建共享数字图书馆平台、各高校数字图书馆系统为分支和节点的分布式"中国高等教育数字图书馆"。由 4 大全国中心、7 大地区中心和 500 多个服务馆组成的 CALIS 骨干服务体系,支撑着面向全国 1700 多所院校的共享服务。至此,CALIS 成为全球最大的高校图书馆联盟之一。截至 2018 年 3 月 31 日,联合目录数据库积累书目记录 708 万条,馆藏信息约 5000 万条,各类型规范记录 175 万余条,覆盖中、英、法、德、西、拉、日、俄文等百余语种,已面向包括港、澳、韩国和北美地区近 1300 家成员馆提供数据下载服务逾亿次,月平均提供下载服务约 130 万次。近年来,随着信息技术的进一步发展,越来越多的学者对未来图书馆的建设有了更多的思考,比如姚仰平教授提出的"中国云图书馆"构想。

五、新一代图书馆服务平台

在云计算技术发展日新月异之际,相应的图书馆管理系统也进入了新时代,也许有一天,不支持云计算技术的图书馆管理系统以后会逐步被淘汰出局。

新一代图书馆服务平台 LSP 以云服务为主要特征,云服务作为新的 IT 基础设施与软件的服务方式,可使图书馆的信息系统建设和服务模式从本地服务器向云服务转移,从而也给学术图书馆联盟合作和共享提供了新思路,即通过联盟联合采购基于云服务的新一代图书馆服务平台,使各成员馆用户能够在系统层面进行合作与共享。

LSP 的功能特性有以下几点:

(1) LSP 可整合电子形式及印刷形式资源,并进行统一的管理。同时把一些独立系统管理的资源,比如档案资源、机构记录等数字资产的管理也融入于 LSP 中。

(2) LSP 是一个综合的系统,可对现有的多种系统进行替代。比如可能替代图书馆集成管理系统、电子资源管理系统、数字资源管理系统等。

(3) LSP 可对大量的元数据进行管理。LSP 可以支持多种形式的元数据,比如 MARC、DublinCore 或其他 XML 标准,并对这些元数据进行管理。

第四章 智慧图书馆技术支持

新一代图书馆系统采用全新的技术，基于云环境对原系统重新设计并重构各类工作流程，最终以 SaaS 或者云计算方式实现系统部署。

目前，国外系统开发商和图书馆界积极合作，一些下一代图书馆服务平台产品不断涌现，本节简要介绍其中的五款，分别是 ExLibris 公司的 Alma、Innovative Interface 公司的 Sierra、开源计划 Kuali OLE、OCLC 的 WorldShare、Proquest 公司的 Intota。

（一）Alma

据其官方网站报道，Ex Libris Alma 是世界上唯一的统一图书馆服务平台，在单一界面中管理印刷、电子和数字资料。作为一项完全基于云的服务，Alma 为图书馆提供了业内最具成本效益的图书馆管理解决方案。

创建统一的图书馆体验。Alma 是从头开始构建的，允许图书馆管理自己所有的资源和独特的材料，并且支持教学、学习和研究。Alma 删除了不必要的孤岛并简化了流程，同时支持所有现代元数据和开放标准。

2016 年、2017 年北京师范大学和清华大学分别选用了 Alma 产品作为其下一代图书馆管理平台。

（二）Sierra

Innovative Interface 公司作为最大的独立图书馆技术公司之一，其研发新一代自动化系统 Sierra Services Platform，据其官方网站报道，可使图书馆能够重塑其服务的本质，并为未来创造价值。Sierra 的尖端技术为图书馆提供自动化工作流程，集成资源管理和数据开放访问。

Sierra RESTful API 通过鼓励图书馆和第三方开发人员创建自定义应用程序来扩展其功能，为新的可能性打开了大门。Sierra 支持充满活力、可扩展的解决方案，将图书馆彼此以及与所服务的社区和机构联系起来。图书馆服务的未来承诺更深层次的连接，更多的定制和更大的移动性。图书馆服务的未来是开放的。据其官方报道，该平台具有以下特点：

（1）可以整合现有的图书馆系统。Sierra 解决了当今图书馆面临的许多挑战，它能够与其他系统实现无缝衔接和互操作。Sierra 可以连接到电子商务界面、课件管理系统以及大量扩展其功能的各种第三方数字内容提供商。

（2）具有更好的灵活性。Sierra 的可扩展可以满足图书馆和读者不断变化的需求。借助 Sierra 的开放式设计，图书馆可以自由选择自主开发、开源和第三方产品，从而实现其特殊的需求。

（3）接口易建，定制灵活。Sierra API 和直接数据库访问提供了更好的方法来利用图书馆的数据，并定制图书馆的服务。

（4）简化工作流程。Sierra 通过革命性的基于角色的设计和方便的基于 Web 的访问，在统一的馆员应用程序中实现传统图书馆工作流程的现代化。

（5）简单易用。Sierra 在馆员工作流程中提供了一系列导航选项，以便于使用和缩短培训时间。

截至 2016 年底，Sierra 全球图书馆用户 1972 家，其中公共图书馆 1248 家，学术图书馆 542 家。2014 年华中科技大学图书馆正式引入 Sierra，成为国内首家用户。

（三）WorldShare

WorldShare 提供了一整套基于云开放平台的图书馆管理应用程序和平台服务。据其官方网站报道，WorldShare 是一个基于云的平台，可提供图书馆工作流程的集成管理，并提高工作效率。并且图书馆可以共享工作、数据和资源，从而可以节省图书馆资金并为图书馆创造价值。

WorldShare 提供了一个集中的图书馆服务平台，用于管理活动、服务交付和工作流程。OCLC 正在将所有图书馆管理任务转移到一个平台上，在这个平台上，数据和活动可以在尽可能多的情况下有效地重复使用，从而减少工作量并节省图书馆馆员的时间。

（四）Intota

据其官方网站报道，Intota 是 Pro Quest 提供的一套图书馆服务平台，旨在满足当今图书馆的关键需求——管理电子馆藏和支持现代顾客的期望。Intota 将业界领先的发现、链接、集合管理和评估结合在一个基于综合知识库的系统中。Intota 提供了变革性的工作流程，从根本上改变了图书馆为用户提供服务的方式。Intota 是全新的 SaaS 产品，将会简化图书馆馆藏的管理，提供网络规模的馆藏管理解决方案。

第三节 大数据技术及其在图书馆的应用

20世纪80年代，美国提出"大数据"概念，但大数据真正爆炸的时期是在2004年以来，Facebook、Twitter为代表的社交媒体相继出现，互联网成为全世界网民实时互动、交流协同的载体。为此，机器自学习、数据库、多维联机分析处理(Multidimension OLAP)、数据可视化等技术得到快速发展，对社会各行各业的发展产生了深远的影响。随着科研环境的快速变化，图书馆的资源存储与处理能力受到挑战、用户需求也更加多样化、学科馆员的素质与能力亟须提升、学科馆员团队的建设与管理需持续优化，大数据环境下的图书馆业务与服务面临了前所未有的诸多挑战。

移动互联网、物联网和云计算技术的快速发展，正在深刻地改变世界，渗透到每一个行业和业务领域。在大数据时代，作为一种新的战略资源，数据对经济社会发展的贡献率不断提升，已经可以和人才、稀有资源等一起成为提升国家竞争力的重要资源和手段。大数据也为科研工作带来了更大的价值和收益。科研工作比以往任何时候都更加依赖数据信息的交流处理，大数据技术在图书馆中的影响开始越来越深远。

一、大数据及其特征

大数据就是任何超过了一台计算机处理能力的庞大数据量。简单来说，大数据就是一个体量特别大、数据类别特别多的数据集，而且用传统数据库工具，无法对数据集内容进行抓取、管理和处理。

大数据具备以下几个特点：一是数据体量大。二是数据类别丰富，不仅是文本形式，更多的是图片、视频、音频等多类型的数据。三是数据处理速度快，在数据量非常庞大的情况下，数据处理遵循"1秒定律"，可以从各种类型的数据中快速获得高价值的信息。四是数据真实性高。大数据的价值，就是从庞杂的数据中挖掘和分析用户的习惯，找出更符

智慧图书馆建设与应用实践

合用户消费偏好的产品和服务，同时结合用户的需求有针对性地调整和优化自身产品。

二、大数据技术在图书馆的应用

从研究现状来看，目前大数据技术在图书馆的应用研究和实践涉及图书馆的各个方面，为了论述的方便，本节把研究成果分为综合应用、管理和决策、服务创新、个性化推荐等几个方面。其中的个性化推荐本来也算服务创新的类别，但由于这方面研究成果较多，所以单独列为一类。

（一）综合应用

这里的综合应用是指研究人员对图书馆整体的或几个方面的综合研究或应用。

有研究人员对云计算开源框架 Hadoop 进行了比较深入的研究，设计了基于云计算 Hadoop 环境下的数字图书馆体系的结构框架，并对数字图书馆中的一些功能进行了设计实现。

为解决大数据环境下高校图书馆服务面临的海量数据分布式存储、多样化数据源分布式管理以及简易灵活的大数据服务应用问题，有研究人员提出一种基于 Hadoop 的高校图书馆大数据整体技术框架，构建高校图书馆海量数据分布式存储管理、多样化数据源分布式管理和多样化服务管理。

针对互联网时代图书馆的海量业务、文献和用户数据，可以利用 Spark 技术框架有效解决图书馆大数据挖掘处理下读者更复杂的多重处理需求和低延迟的交互式查询需求问题。根据智慧图书馆建设发展的相关理念及功能性需求，有研究人员建立了基于 Spark 大数据处理技术的图书馆智慧服务框架，对比 Hadoop MapReduce 框架法，提出和介绍了基于 Spark 大数据处理技术的图书馆智慧服务流程和应用实践情况。

有研究人员设计了基于启发式规则的电子文档的元数据抽取方法。在 Hadoop 平台建立基于 Lucene 的全文索引和基于元数据的关系数据索引。在以查询为核心的用户服务功能中，设计了基于下载和查询记录的查询优化技术。

第四章 智慧图书馆技术支持

有研究人员设计了基于 Hadoop 的数字图书馆系统,并对分布式搜索进行了研究和实现。

有研究人员使用数据挖掘的相关思想挖掘读者借阅信息,使用多维度评分算法,从读者借阅历史数据中,分析读者对图书的评分,通过协同过滤推荐算法并使用 Mahout 框架,在读者检索图书时提供更加智能的检索结果。另一方面根据检索结果优化算法对检索结果进行优化,方便读者检索到对自己有用的图书信息。

有研究人员针对目前主流的大数据处理技术进行分析,研究其在数字资源揭示与服务平台中的应用方法,分析和构建了 Hadoop、Memcached、Cassandra、协同过滤等技术在数字文化资源统一揭示与服务平台中的应用模式。

（二）管理与决策

通过对图书馆业务流程再造,改变传统的基于"文献采购为起点,读者借阅为终点"的图书馆工作流程,研究人员建立了以读者为起点,大数据分析决策为核心,读者服务为终点的图书馆工作流程,并将大数据分析决策的结果应用到图书馆全盘工作中去。具体应用包括图书馆大数据的信息获取、图书馆大数据的信息存储、图书馆大数据的信息分析、图书馆大数据决策支持系统(包括管理策划、参考咨询、资源建设、采购评估、阅读推广、读者教育、舆论监督)等几个方面。

有研究人员提出了一种基于 Hadoop 的图书馆非结构化大数据分析与决策系统。该系统能够快速分析图书馆中的海量非结构化数据,通过处理海量非结构化数据发现其中隐藏的价值,并从非结构大数据中挖掘知识,可为图书馆决策和读者服务提供支持。

有研究人员研究了基于 Hadoop 的高校图书馆数字资源大数据分析系统。该系统可以多维度、多层次进行数据分析,发现数据之间的潜在关系,深度挖掘数据价值,通过资源聚类与标签,可以合理配置热点数字资源。

有研究人员构建基于 Hadoop 的分布式文件系统 HDFS,用来管理数据量庞大的图书基本信息和书籍评论信息。同时,构建 Hadoop 集群环境,并设计、实现了分布式存储图书信息和评论信息的功能。

为解决图书馆传统关系型数据库在海量数据存储和访问效率中存在的瓶颈问题,有研究人员提出了一种基于 Hadoop 的图书馆复合大数据存储系统。该系统能够满足图书馆大数据存储需求,提高大数据存储效率,可高效保障图书馆大数据决策的需求。

以图书馆海量文献资源为基础,结合以 Spark 为代表的内存计算框架特点,研究人员阐述其在提供文献大数据服务方面的独特优势,提出以文献资源聚合模式和 Spark 技术为支撑的图书馆文献服务方案,设计应用案例并分析实验结果。

以《全国报刊索引》的自动分类问题作为实验对象,研究人员利用两台图形工作站,建立了 TensorFlow 深度学习模型,通过设定参数和阈值、系统调优等工作,实践了应用 TensorFlow 的完整过程,论证了其可行性。实验通过对 170 多万条题录数据进行训练和测试,克服了报刊索引数据过于简单与中国图书馆分类法的类目过于细致之间的矛盾。

为了给功能性阅读应用加入更多的个性化设计与辅助性应用,研究人员将 Redis 缓存与传统数据库相结合,以此来提高资源的查询效率,将用户的阅读历史以知识图谱的形式记录下来,既可以展示用户的成长记录,又能将用户的知识结构进行梳理。

(三)服务创新

通过对图书馆文献数据和用户数据的资源整合、信息挖掘,研究人员提出构建一种基于大数据的图书馆移动信息服务平台,同时提出大数据移动检索、个性化推荐、情景感知等创新性的移动信息服务,以提高数字图书馆服务水平。

为了提升图书馆在大数据下的特色数字资源服务质量,研究人员探讨了一种更科学有效的云服务模式。采用 Hadoop 平台,结合实例探讨了 HDFS 构建需求与可行性,并提出 HDFS 关键技术应用于特色数字资源云服务的具体方案。

在一些研究中提到的图书馆智慧墙系统,是以大数据技术为依托,采集图书馆设备数据、空间数据、环境数据和第三方业务数据后开展数据整合与数据挖掘,并在大屏幕液晶拼接屏上进行直观展示,实现信息统一发布及管理。

有研究人员提出了一个基于 Hadoop 的分布式文件系统 HDFS、分布式计算模型 MapReduce 和分布式数据仓库 Hive 相结合的图书馆信息检索平台,并在大规模数据检索方面进行了实验。

通过 Hadoop 云计算搭建图书馆数字资源,可以实现 Hadoop 平台下数字资源的检索实例。

（四）个性化推荐

个性化推荐的研究成果比较多，按所含关键词 Mahout、K-Means 或 Apriori、MapReduce 分别论述，不含这三个关键词的归其他类别。

1. 含关键词 Mahout

有研究人员使用 Hadoop 计算平台，以 K-Means 算法为例，分析其在 Mahout 中的并行化策略。通过对读者的借阅数据进行分析研究，应用数据挖掘技术逐步建立应用模型，有效地将数据挖掘技术与图书馆个性化服务紧密地结合在一起。

研究人员从搭建 Hadoop 分布式平台和运用 Mahout 的 MapReduce 实现算法入手，针对读者借阅记录的分类号进行频数统计和借阅时间统计，依据借阅次数和借阅时间获得偏好值，使用 Mahout 基于图书的推荐器，测试伪分布式单节点模式和完全分布式 MapReduce 计算框架下的推荐效果。

研究人员阐述了一种基于 Mahout 的图书推荐系统的设计与实现。该系统主要使用 Taste 引擎来构建用户偏好，使用基于项目的协同过滤算法计算物品和物品之间的相似度，向目标用户进行推荐。

2. 含关键词 K-Means 或 Apriori

通过 Hadoop 平台，利用图书流通数据，对学生和图书的信息收集整理并规范化为聚类数据，通过对借阅次数和读者类别的不同形式的 K-Means 聚类，可以发现学生在图书借阅上的不同倾向和很多有价值的信息。

利用 MapReduce 框架分块处理，结合关联分析 Apriori 算法，将数据挖掘技术应用到图书管理系统中。针对传统的 Apriori 算法，研究人员提出基于内存计算、弹性分布式数据集处理的 Spark 平台为读者推荐书籍。

3. 含关键词 MapReduce

有研究人员利用优势矩阵法对目前主流的推荐算法赋予不同的权重作为混合推荐策略进行分析与研究；通过对分布式计算框架

智慧图书馆建设与应用实践

MapReduce 的研究,以及采用的推荐算法在 Hadoop 框架下进行了并行化实现。最终在对混合推荐策略与 Hadoop 并行计算框架研究的基础上,设计并实现了基于 Hadoop 的高校图书馆图书推荐系统。

4. 其他

在大数据 Hadoop 数据处理平台上,采用协同过滤的推荐算法,按照用户的兴趣来推荐最近邻居和按照用户偏好项目的相似来推荐项目,经过对其相似度、性能优化等进行对比,研究人员提出项目和用户的加权优化、项目聚类和用户局部相似性、局部最近邻和全局最近邻的融合等协同过滤改进算法,从而达到平台的智慧推荐,满足用户的需要。

研究人员提出一种以文献"混合关联"为主要内容的高校图书馆文献推荐方案及实现算法,并应用 Spark 内存计算技术设计实证案例,最后对实证结果进行讨论并与同类算法比较。表明该方案能有效满足用户需求,提高文献推荐性能和效率。

在 Hadoop 平台上构建高校移动图书馆个性化信息服务系统,从用户的信息行为角度出发,利用大数据技术获取用户信息需求,并以此作为系统个性化推荐功能的输入,能较好地提升高校移动图书馆个性化信息服务的质量。

以一所高校的文、史、法及心理学院读者的借阅记录为样本数据,采用大数据处理软件 Weka 进行数据离散化转换,并加载分析,根据频繁项集合算法的挖掘关联规则,可以预测相关书籍的借阅概率,生成推荐书目,向读者进行个性化推荐。

三、大数据环境下的图书馆

大数据时代的到来,移动互联网的便捷与便利性使得信息与数据资源获取变得便捷,物理图书馆似乎被边缘化了,许多学生和科研工作者不到图书馆照样可以下载科研文献与数据。"你现在还去图书馆吗?"在众多的读者群体调查中得到的答案往往是否定的。随着信息技术的提升与电子资源的购买,图书馆已经不再是一个单纯的物理空间概念,而是一个包含数字图书馆、移动图书馆、智能图书馆等在内的复杂混合体,为用户提供文献、信息、知识以及智能服务等功能。高校图书馆的基本职能没有发生变化,即搜集、整理和保存文献资料并传播知识、支持学术交流。

英国国家图书馆的"2005—2008年战略规划"以"重新定义图书馆"为题的发布,引起图书馆界甚至全世界的大力关注。美国大学与研究型图书馆协会于2010年提出的十大发展趋势之一就是"图书馆的定义将随着物理空间重塑与虚拟空间扩展而发生变化"。随着对图书馆社会角色的重新认识,图书馆不断被解读为场所或空间。

图书馆已从传统图书馆的"物理空间"定义转向今天的"物理空间"与"数字空间",分别对应图书馆服务的现实与虚拟,知识将这两个空间紧密联结起来,增长知识是图书馆的重要使命。在知识服务的过程中,图书馆员建立了知识获取、传播、利用的平台与工具,除了传播知识,自身也是知识的再创造者和再利用者;同时,用户将知识的获取、传播与利用嵌入工作、职业、个人发展、组织行为与社会环境中,除了知识创造与利用者以及知识空间的受益者,也是知识空间建设的参与者。柯平将其定义为通过对文献和信息的收集、组织、保存、传递等系列活动,促进知识的获取、传播与利用,实现文化、教育、科学、智力、交流等多种智能的社会有机体。北京大学图书馆朱强教授在其馆舍改扩建的相关会议中,提出将北京大学图书馆建设成为集学习支持、研究支持、教学支持、学术交流、文化传承、社交休闲于一体的校园公共学术与文化空间。

在过去,由于文献资源的匮乏,图书馆的作用是满足读者对文献资源的需求;现在,数字化时代产生了浩如烟海的数字资源,去伪存真、明辨真假是每一个读者都需要面对的问题,图书馆的作用就是满足读者对内容的需求;未来,随着大数据时代的发展,数据资源将愈加泛滥,图书馆的作用将是满足读者对特定信息的需求。为此,图书馆的业务在大数据时代也将发生巨大的变化,将会由过去的印刷品和数字资源为服务对象转向以数据为服务对象的智能化加工制作。在大数据环境下,图书馆的服务场所泛在化、服务空间虚拟化、服务手段智能化、服务方式集成化、服务内容知识化、服务效果满意化,真正向智慧化图书馆转变。

第四节　人工智能及其在图书馆的应用

人工智能（Artificial Intelligence），英文缩写为 AI。它是一门新的技术科学，主要研究、开发用于模拟、延伸和扩展人的智能的理论、方法、技术及应用系统。在某种程度上，人工智能可以说是计算机科学的一个分支，但是它所做的研究及开发，又远远超出了计算机科学的范畴，它试图了解智能的实质并进行探索，尝试能够生产出一种智能机器，这种机器能够以与人类相似的方式做出反应。

人工智能通过对人类智能活动的观察和研究，发现规律，并将其应用于计算机系统，创造出一种具有一定智能的人工系统，让其拥有人的智力，并设法让计算机去完成只有人的思维方式才能够完成的任务。也就是通过研究，开发计算机的软硬件使其达到能够模拟人类的智能行为。

机器人的写作模式是：人工模版+数据抓取，创作出的多是"硬性"内容，多应用在公司业绩、突发自然灾害、体育资讯等规格化的新闻报道中，缺乏深度解读、个性立场和人文关怀。

一、人工智能的概念及核心能力体现

人工智能，又称为机器智能，它是指用人工的方法在机器（计算机）上实现的智能，或者说是人们使机器具有类似于人的智能。

人工智能的目标是能够胜任一些通常需要人类智能才能完成的复杂工作，帮助人类以更高效的方式进行思考与决策。

不过，对人工智能的现有能力不宜过分夸大，人工智能也不能视同是对人脑的"模拟"，因为人脑的工作机制至今还是个黑箱，无法模拟。阿尔法围棋（AlphaGo）战胜柯洁，源自机器庞大而高速的计算能力，通过统计抽样模拟棋手每一着下法的可能性，从而找到制胜的招数，并不是真的学会了模拟人类大脑来思考。尽管人在计算能力方面被人工智能远远抛在后面,但当前的人工智能系统仍然远不具有人拥有的看似一般的智能。人类级别的人工智能,即"强人工智能"或"通用人工智能"目前更不存在。据调查,强人工智能在2040年至2050年间研发出来的可能性也仅有50%,预计在实现强人工智能大约30年后,才有望实现所谓的"超级智能"。这就是为什么即使人类制造出了具有超算能力的机器,这些机器仍然能力有限。这些机器可以在下棋时打败我们,但却不知道在淋雨时躲进屋子里。在发展60多年后,人工智能虽然可以在某些方面超越人类,但想让机器真正通过图灵测试,具备真正意义上的人类智能,这个目标看上去仍然还有相当长的一段路要走。

二、人工智能在图书馆的应用

图书馆作为信息技术应用较多的一个行业,人工智能技术的应用也不可避免地获得图书情报界的关注,并获得了一定的应用效果。由于人工智能在图书馆的应用比较多,这里仅列举一些研究人员的研究成果,以说明目前的应用现状。

(1)对近年来国内有关人工智能技术在图书馆应用的研究文献进行了梳理,阐述每阶段研究的内容及特征,并认为未来人工智能技术在图书馆领域的研究热点为智慧图书馆、个性化服务、图书馆4.0、人文研究等。

(2)按智能检索、智能推送、智能辅导、文献分类、参考咨询、自动化等几个方面论述了人工智能在高校图书馆中的应用。

(3)针对人工智能技术在图书馆中的应用,分别从文献检索、文献分类、图书馆自动化、编目、参考咨询几个方面进行分析和探讨。

(4)从图书馆本质出发,提出一种图书馆与人工智能技术相融合的理论框架。

(5)图书馆可以借鉴城市大脑技术开发"图书馆大脑"。通过实时收集图书馆的数据,对图书馆进行实时分析,解决读者的占座、图书资源、安保等一系列问题,给读者带来更满意的服务和体验。

(6)从机器人在图书馆的应用、人工智能在图书馆知识组织中的应用、人工智能在读者服务中的应用以及其他几个方面的应用对人工智能在图书馆的应用进行了论述和探讨。

(7)从图书馆智能化感应系统、智能化信息处理系统、智能化信息分析系统、智能化信息资源分类管理系统几个方面对人工智能技术在图书馆智能化服务中的应用进行了分析和探讨。

（8）以人脸识别技术为例，探讨了人工智能时代图书馆服务模式的变革与演进，分析了人工智能技术在图书馆的应用方向以及对服务模式的影响与挑战。

（9）列举了人工智能在图书馆资源检索中的文献资料分类系统、开展智能取送书功能、实现千人千面的资源推送实践应用。

以上列举了一些近几年来人工智能技术在图书馆的应用文献成果，研究内容涉及图书馆的方方面面，对智慧图书馆的建设具有促进作用。总之，人工智能在图书馆的应用还处于初级阶段，目前正是尝试的阶段，可以从某些方面进行突破或创新。

对图书馆来说，要结合本馆的实际情况，这个实际情况一是需求的实际，二是技术的实际，三是其他实际，比如财力等情况，选择一个或几个方面进行研究，并把人工智能技术应用于图书馆的管理或服务中。

第五章 智慧图书馆的服务

　　智慧建设为社会发展提供了新服务理念、新思维，在图书馆领域也凸显出重要意义。正如在前文中提到的，我国学术界已经对智慧图书馆建设进行了多种形式的探讨，包括每年举办的"中国高校智慧图书馆(馆长)论坛""智慧图书馆发展论坛"，以及中国图书馆学会举办的"智慧图书馆建设与服务研讨班"等。这些交流平台为我国智慧图书馆理论与实践的发展做出了重要贡献。

第一节　图书馆智慧服务

服务是图书馆的根本价值所在,图书馆的一切工作都应该围绕服务展开。在智慧图书馆中,智慧化的服务处于中心环节,智慧图书馆的馆员、建筑、技术、资源等都是为了实现为用户服务工作。高校图书馆是附属于高等教育院校,以为学校的教学和科研提供文献资源保障为建设目标的机构,其与师资力量、实验室被公认为高校建设的"三大支柱"。高校图书馆也是图书馆事业的重要组成部分。在智慧图书馆建设过程中,应该结合高校图书馆的服务对象及业务特点,从智慧服务、智慧建筑、智慧管理三个维度对高校智慧图书馆的功能结构进行整体设计和构建。

一、面向读者的智慧化精准服务

(一)基于大数据的读者行为分析

以读者为中心的高校图书馆,其服务的智慧性必须建立在每一个师生读者的认知与理解的基础上。高校图书馆的读者不一定是到馆读者,也可能是非到馆读者,而针对非到馆读者的服务往往有更大的空间。针对到馆读者,高校图书馆可对读者到馆、离馆、借阅、检索及下载信息等进行大数据分析,获得高校读者的专业领域、学习兴趣、研究兴趣、研究方向及阅读习惯等信息,从而有针对性地主动提供个性化资源推送服务、学科服务及知识导航服务等,将智慧服务嵌入科研活动。针对非到馆读者,高校图书馆可根据读者的专业、年龄、研究领域、发文情况、数据库使用及关键词检索等相关信息,主动为其推送感兴趣的学术讲座、科研资讯等,助力读者的教学与科研活动。基于不同类型的读者的行为分析必须保持科学性、系统性及可持续性,从而为读者提供智慧服务打下坚实的基础。

第五章 智慧图书馆的服务

（二）以读者为核心的精准、个性化的信息与知识服务

图书馆未来的核心价值在于三点：一是建设高质量的信息资源，二是帮助读者快速地从海量的信息资源中获取所需资源；三是不断地关注读者感兴趣的信息。在当今信息爆炸的大数据时代，每个学科领域的知识与信息都呈现日新月异的发展。如何能够从这些海量信息中搜集，分析与整合有用的信息，并结合读者的阅读行为习惯及需求，有针对性地对不同读者群体推送信息与知识，是整个高校图书馆智慧服务的核心功能。

1. 智慧化科研信息与知识服务

（1）构建以学者为中心的知识网。利用大数据技术对海量的文献数据进行聚类和整合，当读者输入学者相关词条进行检索时，智慧服务系统能够快速进行匹配，全面且准确地向读者推送相应的知识网，其中囊括了目标学者的基本信息、教育背景、研究方向、科研团队介绍、学术论文、出版物、关联作者、科研数据资源等一手信息，在满足校内师生和科研人员信息需求的同时，又为其提供了高效、便捷的信息保障。

（2）嵌入科研团队，向其推送该学科领域最新、最前沿的科研数据或资讯。智慧馆员详细记录科研团队每名成员的基本资料、研究方向、学术成果、项目进展、申报信息、科研文献资料、会议记录、查新报告等信息，及时推送学术交流活动通知等最新动态内容，并将这些资料分类整理，建立电子档案，从而达到深化知识挖掘的目的。

2. 为大学生创新创业队伍提供知识服务，并进行智慧化的创新推广

教育部大力实施大学生创新创业训练计划项目，包括深受大学生欢迎的"挑战杯"全国大学生课外学术科技作品竞赛等，旨在鼓励大学生应用所学的知识开展创新项目研究，为国家培养创新型高水平人才。高校图书馆可以凭借信息资源、设施设备、空间环境、人员指导等优势，通过分析大学生队伍特征，向其推送相应的专业化资料、讯息，并组织馆内资源为其提供创新指导，从而充分发挥"知识营养站"的作用。

3. 智慧化教学信息与知识服务

高校教师数量多，而国内高校图书馆往往面临人手紧缺的窘境，因

此可以采取教师自主申请,或选取若干个重点学科进行试点的模式,然后逐步拓展实现"以点带面"的效果。

4. 智慧化教学管理信息与知识服务

高校图书馆作为学校的教辅部门,主要职责是为学校的教学与科研服务。智慧图书馆应利用自身的人才与资源优势,通过大数据分析、知识挖掘等方法,为学校管理层在学科发展、专业建设、学生培养、学校定位等方面提供决策咨询服务。目前我国各高校正在努力向"双一流"大学建设迈进,智慧图书馆应有针对性地服务好一流专业,配合学校打造优势专业学科。如南京大学图书馆为该校的每个一流学科设置了专门的资源服务页面,其中包括该校的三个 A 类学科:地质学、图书情报与档案管理、天文学。智慧图书馆可利用读者到馆情况及图书借阅记录,分析其利用图书馆的情况与学业成绩的关系,从而为教学教务管理及人才培养提供决策依据。

二、面向读者的智慧空间服务

(一)智能座位预定

图书馆自习室的座位问题一直是高校图书馆共同面临的难题。占座这一现象在高校图书馆普遍存在且屡禁不止,是困扰图书馆管理者的一大顽疾。占座帮助了已有座位的读者,但也造成了座位资源的大量浪费,不利于座位资源的公平使用。面对这个问题,不少高校推出了两种解决办法:一是采用座位预约系统,二是开展网络自习室。

座位预约系统是最为常见的一种解决高校图书馆占座难题的办法,已有不少图书馆通过小程序或微信公众号的形式来实现。读者登录座位预约系统可查到自习室有哪些空座,并对心仪的空座进行预约。当读者座位预约成功之后,读者应在预约的时间内到达该位置,若未在规定时间到位签到,该座位会被释放,重新呈现给所有读者进行预约。座位预约系统对违约的读者也会采取一定的惩罚措施,如暂停若干时长的预约选座权限等,以此帮助读者规范使用自习室座位。

网络自习室也是在自习室座位不够的背景下图书馆所提供的一种新形式服务,最先提出且影响较大的是湖南省图书馆推出的云自习室。读者可通过 TOMOTO、CoStudy 等多个平台加入图书馆的云自习室。读

第五章 智慧图书馆的服务

者可在宿舍参与，但必须遵守云自习室的规章制度，不得玩手机和做与学习无关的事情。云自习室推出之后受到了不少读者的欢迎，也在一定程度上缓解了高校图书馆自习室座位紧张的问题。

（二）书籍精准定位

随着技术的发展及读者数量的快速增长，图书馆进入开架借阅模式。在开架借阅模式下，读者需要自行去书架寻找想要借阅的书籍，在该模式下，读者需确定所要借阅图书的具体位置，才能进行借阅。智慧图书馆采取了 RFID 技术和物联网技术对书籍进行精准定位，读者可根据手持智能设备的定位与图书定位进行导航，当读者与所需图书位置接近时，图书可通过发光或发声的手段提醒读者。目前，RFID 技术在图书馆中的使用已经非常成熟，故书籍精准定位技术在智慧图书馆中的应用是完全没有问题的。读者可通过图书馆系统查看所需图书的上架时间、借阅状况、复本数量等信息，以便为读者图书借阅提供参考。

（三）馆内智慧导航

随着国家及高校自身对图书馆建设的重视，高校图书馆也取得了长足的发展，主要体现在以下三个方面：一是对高校图书馆的经费投入日益增高；二是使用新的智能设备、硬件设备与操作软件等；三是在空间建设上，新建的高校图书馆馆舍面积大、布局新颖，符合绿色建筑标准。由于高校图书馆建筑面积普遍较大，出入图书馆的读者往往会浪费大量时间在寻找功能区上，笔者认为智慧图书馆的馆内智慧导航是非常有必要的。虽然每个图书馆都有人工咨询窗口，但也应做好室内导航方面的工作。智慧图书馆可利用 Wi-Fi、GPS 导航以及人体热力系统等技术做好室内导航工作，从而帮助读者以最快的方式到达想去的功能区。

（四）智慧化自助服务

与其他阶段的图书馆相比，智慧图书馆中读者自助服务的种类会更为丰富。读者可进行自助图书借还、自助文献资料扫描打印复印，自助饮料食品购买等。与此同时，读者也可自助预约自习室座位、自助参加线上线下活动报名、自助参加研讨会或自助体验创客空间服务等。故笔者认为在智慧图书馆环境下，读者与馆员进行直接面对面沟通的比例会大幅度下降，更多的是读者的自助型服务。

三、高校智慧图书馆服务创新

随着馆藏资源的不断增多以及智慧服务的不断深化,图书馆为读者提供了各种智能设备与工具,为读者带来了便捷、高效的服务体验。读者面对的图书馆资源具有海量、多源、异构等特点,对未经专业培训的读者来说很难有效利用图书馆资源。鉴于此,智慧馆员应紧跟时代发展的步伐,不断更新知识,提升自身的知识结构和技术能力,充分学习新技术,掌握各种信息技术,对海量信息进行深加工,从而满足读者多样性的信息需求。在智慧图书馆建设下,智慧馆员的服务应有所改变:一是由围绕文献资源研究向辅助决策的研究与分析决策报告转变;二是由学科领域研究向服务社会、经济、科技与管理等方面的管理创新进行转变;三是由面向馆内读者的常规性服务向为管理与决策提供战略支撑的研究转变。在高校图书馆智慧服务建设过程中,学科服务、情报服务及智库服务是相对常见的高校图书馆智慧服务。

(一)学科服务

学科服务是国内外高校图书馆重点开展的服务之一。学科服务在不少高校图书馆中也被称为学科馆员服务,这是因为学科服务一般由专业的馆员提供。学科服务通常由具有相应专业知识背景的馆员来承担。学科馆员以具体学科为主线,通过嵌入教学与科研,依托专业文献资源及相应的服务工具开展文献检索、文献计量分析等一系列服务。美国得克萨斯农工大学图书馆面向教职工的学科服务有:教学生如何有效地搜索信息;创建课程指南以帮助学生为特定课程或作业找到合适的资源;教育学生如何合理使用信息,避免发生论文剽窃等学术不端行为;进行文献检索以支持研究计划;提供研究咨询以支持项目和学生的论文;设置新数据库和进行其他在线资源的试验;建议提交新书和期刊的购买请求;代表提交购买图书馆资料的建议;指导为印刷、电子和流媒体内容设置课程储备等服务。可见美国高校图书馆学科服务内容较多,主要围绕教学与科研展开,以及如何更好地建设图书馆资源数据库等。

在智慧图书馆建设下,学科服务显得更为个性化和智慧性,不受时空限制。我国高校智慧图书馆可通过微信公众号与读者建立联系,开展学术热点跟踪、资源推荐购买、专题文献推送、馆藏及网络资源导航等服务。与此同时,我国高校智慧图书馆也可通过搭建学科服务微信群,及时发布最新的学术资讯,以及与专业群组的教职工和学生进行学术交流,及时互动,快速响应读者的学术需求,与读者保持零障碍沟通,从而提供专题性、个性化的便捷学术服务。

(二)情报服务

情报服务与学科服务相比其内容的侧重点有所不同,学科服务一般通过专业的学科馆员与相关的院系建立紧密联系,围绕着该院系的教学与科研进行服务;而情报服务则不局限于某个院系,它是从某个主题进行深入研究的。情报服务是图书馆对各种文献信息资源进行搜集、组织、分析并得出能够满足读者特定需求的结论、事实、数据等,从而为读者提供相关的研究报告、事实数据、献资料等高水平、深加工的知识服务产品。高校图书馆的情报服务一般包括竞争分析报告、专业领域的动态资讯报告。发展态势分析报告、专题调研报告、专利分析报告、技术发展脉络分析报告等。随着我国对科研的不断重视,国家对高校科研人员的激励不断加大,对"双一流"高校建设的持续推进,我国高校对情报服务需求的迫切性在不断加强。我国高校图书馆,特别是在智慧图书馆建设的背景下,应主动承担情报服务的功能,以便为教学、科研及学科发展提供文献保障。目前我国高校图书馆开展的情报服务主要包括科研绩效评价,学科态势分析、学科竞争力分析、人才评估和专利情报分析等。

1. 科研绩效评价

2020年11月3日,教育部学位与研究生教育发展中心印发《关于公布(第五轮学科评估工作方案)的通知》,具体提到在学科评估和人才评估时应"破五唯",即打破唯分数、唯升学、唯文凭、唯论文、唯帽子等评价体系。但这并不代表论文及科研工作不重要,而是不能将其作为人才评估的直接依据。科研绩效评价依然是高校进行人才管理与评估的重要组成部分,对高校人才发展及高校科研发展具有重要作用。科研绩效评价是指运用一系列科学、规范的评价方法对高校教职工在一定时期内的科研成果进行定量与定性的综合评估,并以此作为高校人才管理与绩效发放的重要依据。目前高校图书馆进行的科研绩效评价,主要是通过使用国内CSSCI数据库、北大中文核心期刊数据、人大复印报刊资料数据库及国外四大数据库对高校教职工的论文发表情况,以及通过专利数据库对本校教职工的专利发布情况等进行综合统计分析,从其发表数量、质量、引用数量等多个指标研究其活跃度及学术影响力,从而形成相应的专业科研绩效报告,以便为发展规划、科研管理及组织人事部门的决策提供专业参考。目前华中科技大学图书馆撰写的学术论文被引情况比较分析及各学科论文比较分析在业界具有较高的影响力,成为我国其他高校图书馆科研绩效评价的重要参考案例。

2. 学科态势分析

我国目前正大力推进"双一流"高校建设,在高职院校也推出类似项目。这些高校评估都离不开高质量的学科发展。但一个学科的高质量发展不仅需要在教学上有优秀的表现,在论文发表、科研成果获奖及项目申报等方面都应有好的表现。这就意味着一流高校建设离不开一流学科发展,而一流学科发展需要时刻关注国内外该专业领域的学术前沿、发展态势及对未来发展趋势的把握,从而能够紧跟时代发展,甚至能够引领学科发展。因此,学科态势分析对一流学科,乃至对一流高校建设都具有重大的发展意义。

学科态势分析一般通过文献计量、主题分析、主题及关键词聚类分析等文献分析方法,从现有文献出发,研究学科的现状及未来一段时间的发展,从而对本校学科发展起到导向性作用。学科态势分析一般通过对国内外专业期刊论文库、会议论文库、专利文献等进行主题检索。获取,再通过 Citespace 等专业的文献分析工具进行专业分析,分别从学科主题的研究起源、历年发展趋势、研究现状、研究热点、发文机构、主题聚类等进行分析,形成专业的学科态势发展报告,包含学科最新研究热点及文献发布机构分布情况等,帮助高校科研人员在最短的时间内获取最新、最前沿的学科发展态势信息,从而帮助科研人员把握未来的学科研究方向。

学科态势分析不仅要求馆员具备扎实的学科专业知识理论基础,能够准确把握该领域最新、最前沿的知识理论,理解专业领域各知识点的关系,还要求馆员具备熟练使用最新文献分析软件进行专业分析的能力。学科态势分析要求馆员必须是复合型人才,这也是目前我国高校图书馆较为缺乏的人才。这就造成国内不少高校图书馆仅能够为学科态势提供服务指引,如网站信息指引,却较难提供经过深加工的学科态势发展报告。

3. 学科竞争力分析

学科竞争力分析与学科态势分析的侧重点有所不同。学科态势分析侧重于了解国内外该学科的发展前沿及未来发展趋势；而学科竞争力分析侧重于对现有该学科的各项科研数据进行整理、分析，从而寻找本校学科与国内外相关机构的差距，进而确定本校学科在该领域所处的位置。具体而言，学科竞争力分析是指高校图书馆通过获取 Web of Science、EI、SSCI、CSSCI 等数据库论文收录情况，在国家社会科学基金等国家级项目立项情况，专利成功获批及社会、转化率情况，学科建设与创新等多方面的数据，对其进行多维度对比分析，从而找到本校学科在国内外同领域所处的位置，寻找出本学科的优劣势、外部机会与威胁，从而为决策者在未来学科发展规划中提供重要参考。

4. 人才评估

人才评估与学科竞争力分析在许多方面具有共同点，人才评估的对象是具体的教职工，而学科竞争力分析是以学科为对象进行评估的。人才评估在一定意义上是学科竞争力分析的基础，但两者的目的不一样。人才评估是针对教职工的学术成果及水平进行评估的，目的在于摸清，了解其科研水平，从而为人事安排及科研绩效发放提供重要依据。学科竞争力分析也是为了摸清本学科的科研能力，从而寻找优势与差距，为学科发展提供依据。

优秀人才是学科竞争的基础，是国内外院校竞争的基础，是院系发展的最重要资源。因此，如何进行科学的人才评估以及人才队伍建设，对院系的发展具有重要作用。正如学科竞争力分析的过程，高校图书馆馆员在人才评估方面也获取 Web of Science、EI、SSCI、CSSCI 等数据库论文收录情况，在国家社会科学基金等国家级项目立项情况，专利成功获批及社会转化率情况等进行多维度分析，判断其学术成果的创新性、学术影响力、学术贡献程度等，从而对高校人才引进及在校科研人员科研成果进行评估，为发展规划、组织人事、科研等部门的相关决策提供依据。

5. 专利情报分析

高校是专利申请的重要单位,我国高校普遍重视专利申请。我国顶级高校专利申请以发明申请为主,实用新型和外观设计的专利申请较少。这说明我国高校专利申请的水平较高,这在一定程度上反映出我国高校为国家科研做出了重要贡献。

为了服务好本校师生的专利申请等工作,我国也有不少高校图书馆开展了专利分析服务。我国高校图书馆馆员通过在国内外专利检索平台、主流搜索引擎以及论文收录数据库等全面地了解技术发展历史及现状,为教职工提供专利新颖性、创新性分析以及专利发展态势分析,给出专业分析报告。北京大学图书馆对该校的院系及个人的专利成果、专利转化等情况进行分析和整理,从而推动科研成果进行转化。浙江大学图书馆为科研人员提供宏观技术调查,提供专利可行性分析、专利有效性分析及专利可操作性分析等,为科研人员制定研发方案或开拓市场,进行专利价值分析等提供参考。专利可行性分析主要在专利申请前进行分析,是对该主题的现有主题及技术范围进行分析,帮助判断专利是否有效及权利范围是否被侵权;专利可操作性分析主要是分析该专利的风险大小。可见浙江大学图书馆对科研人员在专利申请前、使用中等均有相应的专业服务。

(三) 智库服务

智库的英文为"Think tank",又称智囊团,另外也有许多智库以"基金会""研究所""研讨会""论坛""学会"或"协会"等名称称呼。我国智库发展虽然相对晚于欧美国家,但发展速度很快。我国有三分之一的智库资源来源于高校,且绝大部分是学术智库。

高校智慧图书馆的服务创新主要体现在学科服务、情报服务与智库服务三个方面,这也是三个不同层次的服务。一般来说,学科服务已成为图书馆一项相对常规的服务,主要是对院系相关的信息资源进行搜集、筛选,从而提供给相应的院系,对信息产品的加工程度不高。情报服务与学科服务相比,加工层次更高,对馆员的要求也相对较高,馆员不仅需要搜集与筛选信息,还要对清洗后的数据进行分析,从而形成相应的研究报告,为决策者提供相应的参考。因此,情报服务的难度与价值都要高于学科服务。对图书馆来说,智库服务的水平更高,要求更严格。在这三者中,学科服务出现的时间最早,于 2000 年左右就有高校图书馆开始尝试。目前,国内外高校图书馆普遍能提供学科服务,并将其嵌入教学与科研。但能够提供情报服务的高校图书馆较少,国内浙江大学图书馆、中山大学图书馆、北京大学图书馆等均提供情报服务。情报服务之所以较难提供,是由于对提供情报服务的馆员的复合能力要求较高,因此图书馆亟须一支懂专业又深谙图书馆理论的馆员队伍。而能够提供智库服务的高校图书馆则更为少见,一是具有智库的高校相对较少,二是高校图书馆的馆员水平普遍较低,较难达到智库服务的要求。因此,在高校智慧图书馆建设中,亟须组建一支能够快速学习,能对海量信息进行专业筛选、分析并做出分析报告,同时又具有相应专业水平的高素质馆员队伍,这对高校智慧图书馆服务水平及高校科研实力发展具有非常重要的意义。

第二节　智慧化的基础服务

智慧图书馆的基础服务主要包括流通阅览服务、空间管理服务等。

一、流通阅览服务

流通阅览工作是最基础的读者服务工作,主要包括图书和期刊等纸质图书的借阅工作等。流通阅览服务中主要涉及智能书架、自助借还服务等。

（一）智能书架

智能书架(smart bookshelf)是一套高性能的在架图书实时管理系统,利用高额 ISO/1EC15693 RFID（无线射频技术）实现在架图书单品级物品识别,可完成馆藏图书监控、清点,图书查询定位,错架统计等功能。图书馆通过智能书架(IBS),可以统计出书架上每本书的状态,通过书本使用率分析,可以完成许多以前图书馆不能完成的功能。

智慧图书馆建设与应用实践

（1）智能书架产生的背景。传统图书馆采用条形码技术实现图书管理，图书上架按照（中国图书馆分类法）由馆员完成图书上架任务，数据库中存储的图书位置为类号，图书放置区域最小单位为分类排架号，并没有精确到具体某一节书架，使读者在查找图书上仍花费了大量的时间，而且实际中又无法避免的存在图书放错书架的情况，致使读者从数据库查找到的图书架号并不是实际图书所在的位置，影响读者图书借阅效率。而图书馆馆员的顺架采用原始的人工清点，不仅图书顺架不准确，而且顺架劳动强度也非常大。

智能书架能够实时将每本书定位到层，智能书架的应用使馆员的顺架工作变得轻松，只需要软件系统启动顺架功能即可，甚至可以自动启动顺架功能；对于读者来说，可以实时的定位某本书在哪一架、哪一层，充分降低了馆员的工作量，提高管理效率，并能够有效节省读者的借阅效率，使RFID应用数字图书馆的优势得以充分发挥。

（二）自助借还服务

指读者不必亲临图书馆，不受图书馆开、闭馆时间的限制，在校园内的一台自助图书馆服务机上就能借书、还书、办理借书证，享受图书馆的预借送书服务。自助图书馆装有书架，还书箱和电脑操作台等，能存放几百本书，采取自助服务方式。

（1）自助借还服务的类型。在自助借还机上可以实现的服务如下。

①自助借书：持证读者可以借自助图书馆书架上的图书，就像在真实图书馆借书一样。

②自助还书：读者在图书馆借的书或在自助图书馆借的书均可以归还到任何一个自助图书馆。

③申办新证：未办证读者可凭二代身份证在自助机上申办新证。

④预借服务：读者通过自助图书馆查询机或图书馆网站查到所需图书，可提出预借请求，图书馆的工作人员将帮读者找到图书，送达读者指定的自助图书馆。通过短信通知读者，读者凭证直接到自助图书馆取书。

⑤查询服务：读者可通过自助图书馆查询机访问图书馆网站，查询图书馆信息和馆藏状况，提出预借请求。

（2）自助借还机的技术。自助借还机采用光、机、电一体化基本模块完成取书、送书操作，加上RFID识别技术、身份证识别技术、卡识别技术、互联网传输技术、无线传输技术、数据库检索技术等。

（三）盘点理架设备

图书馆大多采取开架阅读方式，积累下来的错架、乱架问题比较严重，对任何一个图书馆来说，馆藏图书清点、顺架、上架、倒架都是特别耗时耗力的工作，RFID系统要具有简化图书馆业务程序并提升图书馆服务水平的作用，必须有配套的馆藏清点理架设备。馆藏清点理架设备分为手持式清点设备、推车式盘点机和智能书车3种类型。无论哪种设备，都是以特定的排架方案为基础的。

1. 手持式清点设备

手持式馆藏清点设备是由手持式RFID阅读器和笔记本电脑组成。工作人员通过手持式RFID阅读器和运行馆藏清点软件及架位采集软件的笔记本电脑可快速采集书架层标签以及书架上馆藏的RFID标签信息，以帮助排架、查找和统计特定的流通资料，在采集的书架架位信息与书库架位分布位置图融合后，可绘制出详细的书架分布地址数据模型图。利用RFID手持扫描式阅读器能够一次性读取多个电子标签的资料，从而提高整架工作的效率，降低劳动强度。

2. 推车式盘点机

推车式盘点机和手持式清点设备的原理相同，只是设备组合的形式不同，都是通过层标，实现图书上架、盘点、顺架、倒架等工作。工作过程中发现错架书籍会自动报警和提示定位。此外，盘点设备还提供可视化馆藏定位和多级检索等功能。

3. 移动智能书车

2006年，深圳图书馆制造了世界上第一台图书馆RFID智能书车。智能书车摒弃了国内图书馆传统的文献手工排架方法，亦超越了国外RFID大型机械分拣概念。

二、空间管理服务

空间管理服务主要包括门禁管理和自习室/阅览室占座服务。

（一）门禁管理

图书馆门禁管理主要依靠校园一卡通来实现。随着校园的数字化、信息化建设的逐步深入，校园内的各种信息资源整合已经进入全面规划和实施阶段，校园一卡通以结合学校正在进行的统一身份认证、人事、学工等管理信息系统（MIS）和应用系统等建设。通过共同的身份认证机制，实现数据管理的集成与共享，使校园一卡通系统成为校园信息化建设有机的组成部分。

图书馆一般在一楼大厅入口处设置门禁卡，读者刷校园一卡通才能进入，后台依靠门禁管理系统，通过物联网技术，实现读者身份数据的调用。

图书馆常用安全门禁的特点是：

（1）简洁大方。
（2）支持多种标签。
（3）支持多个通道。
（4）读者计数器。
（5）故障诊断显示。
（6）彩色 LED 报警提示。
（7）抗金属干扰性能优越。

（二）自习室/阅览室占座服务

一般高校教室资源都非常有限，可供学生读书自习的空间很少，而图书馆有很多阅览室，甚至一些图书馆会专门设置自习室供读者使用。因此，常常会发生图书馆占座现象。图书馆选座系统就是为了解决学习空间不足和占座秩序混乱的问题。

自习室座位管理系统主要为学生提供自习室座位情况信息，学生可以通过网络查询开放的自习室和各自习室的人数。管理员可定时更新各个自习室的剩余座位数信息。

三、学科咨询

学科咨询主要包括咨询服务和知识库两类。咨询服务是指学科馆员运用现有的图书馆参考咨询服务台和参考咨询服务模式，为用户提供科学有效的信息服务。知识库是指学科馆员将接受的咨询各类问题进行整合,不断向知识库中增添新的内容,方便学科用户进行自助服务。

四、自主学习

自主学习研究区是指学科用户进行独立学习与科学研究的实体区域,它的设置应根据图书馆的实际情况而定。如果图书馆的环境条件允许,可以将学习区与研究区分离开来,如果图书馆没有进行分区的条件,学习区与研究区合并也是可行的。自主学习研究区通常设置为个人学习室、学科专家工作室和小组讨论室等三种形式,其中,个人学习室与学科专家工作室对环境的要求较高,应该与小组讨论室分离开,保证环境的安静。

个人学习室主要供学生使用,用于学生检索文献、浏览网络(局域网、Internet等)信息资源、论文写作、模拟实验操作等,为学生提供适合个人思考和创作的安静空间。学习室内配备了无线网络接口和相应的电脑桌椅等公用设施,用户可以利用自带的笔记本电脑或者租用图书馆内电脑进行学习。

学科专家工作室主要供具有重要科研任务的用户或群体使用,通常安排一人一室或同一科研项目组一室,工作室内一般会配置高性能电脑及附件、装配适合科学研究的软件及电脑桌椅等,并且根据科学研究的需要配备相应的文献信息资源。如果图书馆的环境条件有限,可以实施多学科共建共用,充分发挥资源优势。

学科小组讨论室是为满足用户学习、讨论和交流需求而创设的区域,是开展学术辩论、话题讨论的重要场所,能够有效促进学科用户之间进行观念启迪、思维提升、思想碰撞和培养团队合作精神,是学科馆员在交流中发现隐性知识、增加经验的理想场所。讨论室内一般会配备电脑及多台显示器、投影仪、黑板、桌椅等,建筑的尺寸因不同的群体而异。与个人学习室和学科专家工作室相同,学科小组讨论室也可以多学科合作共建共用。

五、休闲娱乐

休闲区的主要功能是放松用户的精神,区域内应配备舒适的桌椅,还可提供饮品和茶点,甚至可放置少量的报纸或休闲杂志,供读者在学习期间短暂休息。休闲区的环境设置应别具匠心,加以优美的工艺品加以点缀,让人产生舒适之感。用户可以在这一区域尽情享受舒适的环境,也可以在这一区域进行讨论与交流。

一个学科服务物理平台的完整性是由以上几个组成要素共同构成的。由于图书馆的综合实力不同,一些图书馆可能无法完全实现大规模的建设与完善。对于这类情况,可以进行阶段性建设,有计划地进行空间规划,不断加强区域建设以至实现全部物理空间建设。

六、自助复印、打印、扫描服务

近年来,国内很多图书馆配备了自助复印打印设备,为读者提供"无人管理"的自助式打印复印服务,这种服务方式既可以节省图书馆的人力,也可以减少读者排队等待的时间,并且由于其相对低廉的收费和自助结算的模式可以大大减少纠纷,并且也是图书馆执行知识产权保护策略的一种措施——图书馆可以通过在所有自助设备上张贴知识产权保护的警示等方式,加强读者的版权保护意识,引导尊重知识产权的使用习惯,避免由于人为因素导致图书馆"带头"侵犯知识产权、无限制地为读者复印打印资料的情况发生。

北京大学图书馆、清华大学图书馆、浙江大学图书馆等大学图书馆和中国国家图书馆、深圳图书馆等公共图书馆都使用了联创自助打印复印扫描系统。该系统引入"自助式无人化"的管理模式,通过一卡通等进行身份认证和收费,做到使用者、使用时间、内容、费用的精确可控,在所有接入网的电脑上,为读者和管理员提供方便和廉价的打印复印和数字化扫描服务。

以北京大学图书馆使用的联创自助打印复印扫描系统为例,其主要的功能和特点包括:

(1)与北京大学校园一卡通认证系统接口,读者使用北京大学的校园一卡通卡,可以直接从卡上扣除打印复印的费用,并可登录学校一卡通系统或到一卡通中心查询该次消费的明细。读者如果需要补卡或挂失等,都只需到北京大学校园卡中心办理,联创系统会自动读取一卡通中心的更新信息。

(2)支持读者自助刷卡打印、复印、扫描,无人化管理。

（3）任何内容及形式文件均可打印，并能在后台服务器上随时查询打印的内容。

七、自助编辑制作服务

随着教学模式和学习方式的改变，大学对于学生独立或协同完成生动作品的能力对于学生的多媒体制作和展示能力，都提出了更高的要求，所以有了"多媒体素养"的提法。为了完成课程的作业，同学们常常不仅需要提交一篇文字报告，而是要提交含有实验结果或创作效果的PPT、视频短片等，读者需要图书馆提供丰富的素材以及相关的设施，帮助他完成"作品"。图书馆能够提供的素材包括海量的图片资源、视音频资源、完备的数据库资源如电子图书、期刊、报纸等；能够提供的设施则包括各种数码前端设备如照相机、摄像机、录音笔等，采集设备如放像机、微机、各种采集软件，各种编辑制作软件和输出设备如彩色打印机、刻录机、合成机等。

第三节　智慧化的学科服务

信息化与数据资源环境的变化，使得各类科研要素（包括数据、文献、硬件设施、机构、人员等）日益走向信息化和数字化。一方面，数字化的数据海量涌现，可视化工具的出现使得数据的挖掘、模拟、仿真与试验成为现实，科研本身在悄悄地发生变化；另一方面，数字网络技术的发展，使得科研人员获取知识与数据的方式也发生了巨大的变化，各种公开网站、开放获取平台等方式使得研究者的自我驱动与自我组织能力不断增强，兴趣与问题驱动式学习促进了创造性地修正、回答与解决问题，进而构建新的知识体系。

面对大数据环境，高校的学科服务也要进一步改进、完善。它不仅需要有效组织数字知识资源环境、灵活组织各类信息资源体系，支持用户进行知识挖掘、计算、试验与评估，而且需要馆员对信息资源结构与

智慧图书馆建设与应用实践

规律的深度理解,熟练应用数据挖掘与分析工具,以专业的学科信息资源分析专家的身份协助学科服务对象,构建智慧化学科服务体系。

一、智慧化学科服务建设的必要性

学科服务的内容,最初主要是馆藏建设与发展、学科联络,最近则是强化与专业学习、科研、教学紧密相连的用户信息素养教育。近几年来,随着出版业数字化、信息服务网络化、学术交流虚拟化的发展越来越快,高校图书馆的学科服务面临的挑战和机遇也越来越多。

(一)有助于开拓图书馆新业务

大数据环境带来了网络数据技术的快速发展,也给图书馆带来了突飞猛进的冲击,促发图书馆的转型与变革。数字图书馆的建设、开放获取平台开始成为主流、移动用户数量的快速增加,使得高校图书馆的嵌入式服务模式不断深入推进,北京大学图书馆强调"融入教学、嵌入科研",初最利教授提出八个方面的"嵌入",包括目标嵌入、功能嵌入、流程嵌入、系统嵌入、时空嵌入、能力嵌入、情感嵌入和协同嵌入。

学科服务成为图书馆今后最为重要的发展方向,涉及参考咨询服务、专题信息服务、信息素养教育服务、教学支撑服务、知识发现情报分析服务、知识产权信息服务、知识资产管理服务、数字学术服务、科学数据服务和学科知识服务工具的利用,图书馆的服务已经不再以传统的书本资源借阅作为主业,开始从"图书资源中介"走向"教学科研合作伙伴"。借助资源导航、信息检索、数据利用与处理工具、大型数据库等方式,高校图书馆的服务内容从传统的文献信息服务转向数字知识服务,提供更多的情报分析与知识发现,强调数据素养教育与创新挖掘能力的提升,服务深度不断增强,重视个性化服务和基于科学研究的服务。

(二)有助于满足用户的潜在需求

图书馆服务的受众群体是用户,对用户需求的了解和把握是满足用户需求的重要前提。学科服务的创新建设,激励学科馆员深入院系基层和科研一线,通过不断的互动与合作,直接观察与引导用户需求。从学科服务角度而言,学科馆员只有深入用户的科研与教学过程,才能真正体现图书馆员的价值与作用,学科服务的效果才能与用户需求保持一致。

学科馆员参与科研项目的整个过程,可以了解科研工作者对与信息资源相关的特定研究需求,尤其是数据资源的获取。学科馆员可以利用自己的信息数据专长,通过协同合作,帮助科研工作者获得基金。在不断的合作过程中,可以根据科研需求,衍生出新的用户服务,满足用户的潜在需求。

（三）有助于加快图书馆转型

传统图书馆以文献服务和信息服务为基础,而在大数据环境下,知识的产生、存储与使用均发生了巨大的变化,科学研究的学科跨度越来越大,越来越多的知识以数字形式存在,高校图书馆提供的文献数据库已经不一定能够满足用户的需求;同时,用户获取科研知识的途径与方式越来越多样化,百度搜索等各种各样的方式已人人皆知,并且可以对知识进行组织、分析、重组与推送。知识服务时代的到来,极大地推动了图书馆转型。

学科馆员进行学科服务,通过融入学生的学习环境、教师的教学环境和科研人员的科研环境,帮助他们解决学习、教学与科研中出现的问题,发现其中隐含的知识或模式,以实现服务的升级与更新。

目前,很多高校图书馆都开始注重学科服务创新,建设智慧化学科服务体系,但也仅仅说明知识服务取得了一定的进展,现实中仍存在很多问题需要解决与克服。随着学科服务的创新越来越深入,当图书馆的各个层面、各个环节都具有了这种观念与意识并做出相应调整与改变,图书馆的资源越来越得到数字化和网络化的加工、开发与利用,图书馆的转型就实现了。

二、智慧化学科服务的内涵特征

随着大数据对社会各方面的影响不断深入,用户信息行为与科学研究环境出现很多新变化,实体图书馆作为文献信息媒介的作用不断弱化,图书馆不再是用户获取科研数据库的唯一途径。仅仅以沟通联络为特征的学科服务已经无法满足大数据环境下科研教学需求,智慧化学科服务由此产生。

有研究将学科服务在大数据时代的发展称为"嵌入式学科服务"或

"泛在化学科服务"。本书认为,智慧化学科服务是大数据环境下高校图书馆的发展方向与重点,是图书馆服务面向网络时代和大数据环境的业务转型与升级,是智能化技术、图书馆业务与学科馆员智慧结合的产物,是图书馆服务发展的必然选择和发展趋势。它要求图书馆使用数字化、网络化、智能化的信息科学技术与手段,将图书馆的信息资源进行互通互联,为读者用户提供更加高效和便捷的服务;要求图书馆建立专业化、个性化的服务链条,提供精准、到位的集成知识资源;要求学科馆员充分利用信息知识和工具,帮助用户挖掘、组织海量信息的潜在规律,嵌入科研过程提供知识增值服务。简而言之,智慧化学科服务就是"智能化技术+学科馆员智慧+图书馆业务与管理"的总和。

智慧化学科服务的主要特征如下:

(1)知识共享化。建立在智能化基础上的学科服务,使用互联网技术将图书馆相互分割与独立的资料文献进行加工整理,实现读者用户与数据平台的相互智能连接,实现知识信息共享。智慧化学科服务可为读者用户提供全方位和一体化服务,通过知识与管理共享平台,解决读者各种各样的问题,同时为读者查找数据资源节约更多的时间,提供更加便捷的优质服务。

(2)需求个性化。每个研究个体的研究领域都不尽相同,其对文献调查梳理和学科前沿、发展动态的需求有区别化的差异,这就要求学科馆员针对每一个用户对文献、资源数据的需求提供个性化、差异化的学科服务。科研教学用户的需求不是基于图书馆现有资源的存在,而是针对自身的特色化需求要求学科馆员提供个性化服务。

(3)服务精准化。面对浩如烟海的数据资源与信息,如何快速、准确地查找到文献资源和得到指导服务是衡量现代高校图书馆服务质量的重要标志。智慧化学科服务就是借助智能技术,建立更加灵敏的管理与反馈机制、更加智能的信息数据系统,以及更加完善的服务与科研跟踪体系,为科研与教学用户提供更加精准的服务。

(4)渠道多元化。智能化学科服务重视人性化和人文关怀,强调对用户提供的服务及其服务效果,秉持"用户在哪里、服务就在哪里"的工作态度,为科研教学用户提供了多元化服务渠道。他们可以到馆进行咨询、培训或提供需求,也可以在线或网络平台进行信息资源的获取与数据处理指导,学科馆员也可以深入教学与科研一线进行专门化与针对性服务,让图书馆用户能够在每一时刻享受到智慧化学科服务带来的便利性。

三、智慧化学科服务建设的主要内容

智慧化学科服务强调以人为本,强调从科研用户的需求出发,进行服务内容与服务方式的规划调整与设计,借助资源、工具、方法、专业知识等软硬件设施,提供高质量的信息化学科服务。本书的重点是针对科研与教学用户提供的学科内服务,主要包括:基于资源搜索与使用的参考咨询服务、基于数据获取与处理的数据素养服务、基于文献信息与数据的学科支撑服务、基于数据挖掘与分析的决策支持服务、基于数据服务与反馈的个性化服务等。

(1)基于资源搜索与使用的参考咨询服务。大数据具有开放性、跨界连接性和易获得性,大数据挖掘和分析,可为图书馆参考咨询服务提供一定的参考和良好的预测依据。在大数据环境下,紧跟教学科研需要,借助大数据分析技术(包括机器自学习分析、数据挖掘、统计分析),有效了解科研教学用户的数据信息需求及存在的问题,及时解答相关问题并提供最优化的数据利用解决方案。

(2)基于数据获取与处理的数据素养服务。大数据时代使得数据不再仅仅是最终目的和结果,数据价值主要在于它的使用,而非占有数据。为此,在大数据时代,学科馆员应努力帮助用户提供基于数据获取与处理的数据素养服务,帮助高校师生用户挖掘数据的潜在价值,提高数据的利用效率。数据素养服务主要体现在数据解读、数据管理、数据利用、数据评价等方面,强调对数据的操作和使用。另外,还包括数据的伦理道德修养、数据存取等。学科馆员要具有高效发现、评估与使用信息和数据的意识与能力。

(3)基于文献信息与数据的学科支撑服务。在大数据时代,随着数字图书馆的普及,高校图书馆借助学校网络、数据服务商等的网络技术优势和电子资源优势,开始向用户提供越来越多的资源与信息。但要想真正对学校的教学与科研机构提供定位准确的信息资源,必须要创新服务内容与模式,充分利用现代信息技术和学科馆员的专业素质对图书馆的服务进行提升与拓展。大数据时代的智慧化学科支持服务就是高校图书馆根据学科教学与科研计划、安排,有组织地帮助教师、学生和科研人员改善与提升教学、学习、科研过程,旨在实现教学、科研目标及世

界一流学科建设。

（4）基于数据挖掘与分析的决策支持服务。在大数据时代,科研数据成果的统计与整理,对学校的学科建设与发展起到至关重要的作用。

（5）基于数据服务与反馈的个性化服务。个性化服务是大数据环境下学科服务的必然趋势,是满足科研工作者和师生多样化、专业化科研教学需求的高层次学科服务模式,能够帮助用户在有效的时间内得到精准的信息资源。其主要任务是构筑一套追踪用户需求、了解用户研究方向、推送数据资源服务的反应机制,打造图书馆资源与用户之间的沟通桥梁,随时随地解决用户咨询问题。主要内容包括个性化数据信息追踪推送服务、科技查新与论文收引检查服务、数据资源的跨库检索服务等。

第四节　智慧化的信息服务

高校图书馆要想在互联网环境下扎牢根基获得发展,必须转变传统的信息服务模式,而且要不断地整合图书信息结构,优化信息系统,提高服务水平,这样才能满足新时代互联网背景下用户更多需求,确保高校图书馆在学校发展和社会教育科研领域发挥作用。

一、高校图书馆信息服务模式解读

（一）图书馆各发展阶段的信息服务

从历史的角度来看,图书馆领域属于传统的信息服务产业,主要通过信息服务发挥作用和实现其社会价值。信息服务作为图书馆重点业务,就是将各种信息进行加工,再通过资源整合、数据管理、学科检索等各种方式为用户提供服务。这是一种满足用户信息需要的组织活动。从高校图书馆的发展历史来看,各个阶段提供信息服务有着时代特点。表5-1列出了信息服务各发展阶段的特征。

表 5-1　高校图书馆各阶段典型信息服务

图书馆发展的各个阶段	典型信息服务
古代图书馆	仅限于文献保存收藏，不提供信息服务
传统图书馆	图书外借、阅览；本地资源检索；简单参考咨询
数字图书馆	数字资源检索；虚拟参考咨询
复合图书馆	图书馆外借、阅览；跨库资源检索；虚实结合的参考咨询

现存古代图书馆比较著名的有天一阁。像天一阁这样的古老图书馆都有着重藏轻用的特点，那时候图书是比较珍贵的，基本上不提供借书等信息服务。随着时代发展，有了传统图书馆的雏形，有图书外借、刊物浏览的功能，出现了基本典型的信息服务。当图书馆发展到自动化和集成化阶段，传统图书馆就能够提供本地资源信息检索的服务，而且馆里的工作人员能够对文献资源进行整合、加工，提供简单的资源检索和咨询服务，提高了信息服务工作效率。到数字图书馆阶段，最典型的特点就是能够使用强大的资源检索功能和提供数字化虚拟参考咨询服务，减少了人力、物力，节约了成本，提高了效率。

网络和信息化时代的到来，给予数字图书馆前所未有的发展机遇和挑战。数字图书馆提供的参考咨询服务手段更加新颖，服务内容和服务对象都更为广泛，层次要求也更高。这就促使图书馆信息服务发展到复合图书馆阶段，这个阶段的信息服务模式有传统模式和数字化模式双重特点，复合图书馆按照传统模式给予用户最基础的外借图书阅览方式，同时信息服务模式也提供本地资源和数字资源整合检索，通过人工或网络数字化虚拟手段提供参考咨询服务。

(二)现阶段高校图书馆信息服务的特点

随着信息技术和网络技术的高速发展，用户对高校图书馆信息服务需求与传统相比发生了根本性的变化。当今时代的用户信息服务需求更为复杂，具有多元、多样、专业、集成和交互等特点和趋势。

(三)现阶段信息服务存在的不足

在网络环境影响下，广大用户的资源需求已经不再满足于外出借阅、本地检索、文字性资源等。现阶段高校信息服务与用户需求之间的不匹配、不适应主要体现在以下方面。

1. 缺乏跨库一站式检索

检索是图书馆利用网络等数字化手段提供服务的主要方式。随着高校互联网软硬件设施的不断完善,越来越多的用户愿意通过网络更高效便捷地进行信息检索,以满足信息知识需要。但是,目前高校进行检索的模式还不够完善。

很多高校图书馆已经通过购买、自建等方式具有了一定的数字化信息资源,但是资源数据库的项目繁杂,类别众多,仅一所普通高校就拥有数据库、题目摘录、中文外文数据、电子期刊等多个资源。近年来,高校图书馆购买的数字资源数量不断攀升,据统计,一所综合类高校图书馆拥有数字资源库能够高达37.2个,另外还有纸质文献资料、光盘等多媒体资源库、书籍馆藏等,这种数字化资源在各高校都是相对独立的。用户需要通过不同高校查找不同资源,每个高校的网络查询界面、进入检索规则也不相同,用户需要一一熟悉,既费力又费时。

建立无缝对接的跨库检索平台,实质是优化整合现有信息,提高资源利用效率和一站式服务水平的一种方式。将类型、结构、环境、用法各异的数据库整理集中在一个统一的搜索引擎上,使馆藏的实体文书资源、虚拟数字资源和信息检索服务联系在一起。用户体验只需一次性检索,就能查到需要的纸质文章、多媒体、数字资源等多种形式的信息内容,更为方便、快捷。在减少检索用时的同时,也减轻了因资源系统多次被检索造成的占用、排队现象,大大提高了信息资源的利用效率和信息实时共享。

2. 缺乏集成个性化服务

目前,高校图书馆个性化服务还不够完善,体现在以下几个方面:一是个性化资源往往限制在特定的信息服务系统内,因此实现个性化定制服务职能受到一定限制;二是个性化定制服务的需求供应机制是静态的;三是个性化定制服务的有关技术有专业、专用限制,不通用、不标准;四是个性化定制服务系统不互通,相对独立;五是个性化动能体现不充分,服务形式单调,缺乏主动性。

3. 缺乏复合化参考咨询

高校图书馆参考咨询服务还不够完善,目前与实际需求存在较大差距和不足,具体表现在以下几个方面:第一,高校参考咨询服务方式不能满足多元化需求,方式单一,不够灵活;第二,高校虚拟参考咨询服务时效性差,不能及时提供咨询和解答;第三,高校参考咨询服务偏重于普通大众需求,缺乏个性化服务;第四,在遇到专业、复杂的个性化咨询时,咨询服务的能力不高;第五,图书馆在信息服务提供上,目前运用虚拟服务工具较多,尤其是参考咨询方面,人工结合网络的复合性较差。

4. 缺乏交互式协作共建

目前高校图书馆缺乏交互式协作共建,主要体现在以下几个方面:第一,图书馆允许用户参与共建的环节很少;第二,缺少用户协作共建平台机制;第三,缺少智慧的知识提取手段。由于用户的专业背景与馆员不同,因此往往用户在贡献集体智慧时,提供的只有资源信息。必须由馆员对这些信息进行加工、处理,提升成为有价值的知识,是个相当复杂和烦琐的过程。需要建立智慧的知识提取手段,可以对用户贡献出的信息(包括用户的喜好、使用习惯、用户收集的资源等)智能地进行挖掘、提取、加工,并建构成为新的知识。

二、高校图书馆智慧信息服务模式建立

随着互联网和信息技术的不断发展,越来越多的人选择通过互联网终端看信息,包括一些电子书籍,图书馆因此受到了很大的冲击。这基于人们对于互联网信息时代体验的便捷服务,现代图书馆通过引入互联网手段,创作了"图书馆2.0""智慧图书馆"等新型服务体验。

(一)从 Web2.0 到图书馆 2.0

Web 2.0 主要内容是通过开放式的共享信息资源,采用便捷的程序进行整合控制,注重用户的服务体验,带有明显的社会性特点,为社会的经济文化发展和人们的生活带来很大的改变,"Web 2.0"也被人们广泛认可。

Web 2.0 的功能特点是用户的信息可以自己保存,可以自己分享自

己的信息，别的用户是无法获取的，信息受到安全的控制，一个交流平台在内存空间允许的情况下，可以让更多用户使用，它的使用也非常方便，可以很简单地发布信息。

Web 2.0 提供的技术非常符合当前图书馆的转型需求，在当代的信息技术大环境下，Web 2.0 的概念符合图书馆职业的发展，Web 2.0 为图书馆提供的转型服务与人们需要的人文精神能够很好地融合在一起。2005 年，西方网络图书馆建设领域出现了极具代表性的新名词 Library 2.0（图书馆 2.0），图书馆 2.0 是网络图书馆对于 Web 2.0 的一个分支。图书馆 2.0 是由图书馆员迈克尔·凯西提出来的，迈克尔·凯西在他的 Flicker 账户发布了一张建造一个努力推行图书馆 2.0 的图片，图书馆 2.0 因此而来，人们以一种大胆的方式探索图书馆 2.0 更好的文化精神服务体验。

图书馆 2.0 的内涵是由很多使用提倡者共同创造出来的，包括英国图书馆的自动化系统服务，美国图书馆协会的博客技术人员，还有很多致力于图书馆学的专业图书馆从业人员，等等，在所有人的共同建议改制下，图书馆 2.0 的内涵逐渐被确立，图书馆 2.0 也被广泛地认可和应用。

（二）从智慧地球到智慧图书馆

IBM 公司提出智慧地球这一名词，根本原因是 IBM 公司认为将来世界的运行方式都是以互联网科技为主，互联网科技将改变人们的生活，在全球信息化普及的状态下，人们使用的各种工具将相互关联、更加智能化。智慧地球是由物联网和互联网两大信息技术组合而成的，在社会发展和知识信息获取之间建立了有效的连接，使人们的生活更加智慧化，能够得到更好的服务。

智慧地球是人类在技术上高度集中互联网、传感器技术和智能信息化处理技术，整合基础物理设施和信息技术，智慧地球是数字地球的发展演变结果。数字地球的主要内容是利用现实虚拟技术、网络信息技术和地理信息技术等手段，把全球的社会、经济、医疗、交通、教育等方面的发展信息获取需求连在一起，为全球的信息化和数字地球创造一个框架模型。

智慧地球通过物联网的快速发展，对现代图书馆的发展事业也具有一定的影响，目前的数字图书馆就是根据物联网原理把图书馆建造成智慧图书馆。智慧图书馆主要是采用科技智能的方法,利用新一代的信息科技技术对用户的使用和图书的系统信息资源相互交换,提高信息获取的准确性和快速度,进而实现人工智能化服务和管理的新型图书馆运营模式。由此可见,智慧图书馆是数字图书馆和物联网的结合体。

智慧图书馆创建的重点有两个方面:第一是注重用户实际的信息获取需求;第二是采用信息通信技术整合各种网络渠道和信息资源,解决实际内容和用户使用过程中遇到的问题,提高图书馆的服务能力。因此,智慧图书馆必须给用户提供安全的使用环境,用户在使用智慧图书馆过程中可以得到更好的信息获取服务和使用体验。

目前国内外智慧图书馆的建设还处在探索尝试阶段,2010年第六届全球数字图书馆国际学术研讨会的主要内容是对全球数字化图书馆暨数字智慧型图书馆的未来建设进行研究讨论。会议上,中国工程院常务副院长潘云鹤提出:现代数字图书馆技术有两个方面的改变,第一从数据库到数据海,随着数字化的书籍快速增多,目前已将达到了1000万本,信息展现形式的内容更加丰富,所以数据库相对而言内存较小,数据容量大。第二是数字图书馆转变为智慧图书馆,数字图书馆的信息通过大量的挖掘和分析,通过跨媒体等技术手段,知识的获取将会更方便,同时创建出了一个巨大的知识资源库。知识的丰富也就能够为人们研究、教育、学习提供资源,未来要建立更多的云服务,使数字图书馆更加智能方便。

(三)基于图书馆Web 2.0的智慧信息服务模式

随着科技水平的快速推进,新兴技术在各行各业都得到广泛的应用。在图书馆领域,新生的图书馆信息服务模式对该行业的发展与人们的服务体验产生了巨大的影响。例如,"Web 2.0"的发展为图书馆管理开创了"图书馆2.0"服务模式,在服务上采用了新的服务理念,逐渐以用户体验为中心,实现图书馆真正的服务功能。在"图书馆2.0"之后,随着人们精神需求上的增长,在信息技术领域又刮起了新的发展风潮,即"智慧地球"理念。在不断探索中,有关学者还对行业发展进行研究,发现可在"图书馆2.0"的基础上,结合"智慧地球"理念,打造新的图书馆信息服务模式,将图书馆管理变得更加智慧化,充分利用科学技术手段,实现图书资源的流通与利用。

"智慧图书馆"的建设需要依靠一定的设施,如物联网、云计算,以及海量的数字资源等。目前,对图书馆实际发展情况进行分析可知,"智慧图书馆"并不能运用到普遍的图书馆管理手段中,大多数高校图书馆在硬件设施、资源数量或者是在资金投入等方面都存在一定的限制,各图书馆前进发展的道路还很曲折,需要不断努力。

三、高校图书馆智慧信息服务系统构建

智慧信息服务系统旨在突破实体发展存在的空间障碍,逐渐将本地资源与数字资源进行沟通与整合,并实现二者在社会上的共享,要逐步构建以用户需求为主的管理方式。

(一)高校图书馆智慧信息服务系统组成

图书馆智慧信息服务系统是经过长时间发展,由人们设计出来的更方便的服务方式,主要由数字资源为主构成服务系统,收集在各阶段、各流程产生的数字信息,并通过一定手段进行加工,在各阶段之间传递、存储。人们常见的构成内容数字资源、智慧资源加工系统等,依靠数字资源进行传播,由智慧资源进行监管与整合的系统。智慧信息服务系统结构要素主要分为两种内容:一部分是数字信息资源;另一部分是智慧服务。数字信息资源作为基础信息,能够满足大部分用户的要求,而智慧信息服务系统在此基础上提出了革新,在满足基础服务的功能上,以用户体验为转移,提高使用感受。智慧信息服务系统能够构成多种内容,在众多系统中发挥着多重作用。

1. 智慧资源加工系统

智慧资源加工系统作为对图书馆进行更有效管理的新手段,促进了智慧信息服务系统的革新。其存在的目的是整合信息资源数字化的内容,将其更好地储存与管理。

智慧信息服务系统是对数字资源进行管理的系统,按照来源可将其分为以下两大类:一类是包含原生数字形态的数字资源,例如人们在手机或电脑上经常使用的电子文档、刻录的光盘、国内外流行的动画、数码图片等;另一类的形式则较为传统,即印刷型文献在经过数字化加工方式后形成的数字资源内容。智慧资源加工系统具有以下的操作形式及过程,会根据资源对象的不同,而采用不同的手段加工资源内容,将

传统的印刷资料,通过科学技术手段变为数字资料进行储存与管理。

在智慧资源加工系统中,其数字化加工过程采用的是 C/S 结构进行构建的,并将多种内容化为一体,如数据加工、程序的运作与管理和网络表达等。

2. 智慧资源存储系统

智慧资源存储系统与智慧资源加工系统形成了图书馆智慧信息服务系统,对底层数据存储系统进行分析可知,形成图书馆智慧信息服务系统的结构有两个:一方面是智慧资源存储系统,其作用是能够保证并为用户提供更好地体验,通过科学的方式提供技术支持与保障。另一方面,智慧资源加工系统是智慧信息存储系统建立的基础,只有将资源合理加工后才能进行存储与保存。

在对图书馆实际运作情况进行分析后可知,图书馆所具有的基础情况、各馆用户的需求与资金投入的不同,使得各馆运用方式及内容具有不同发展阶段。所以要综合分析多种信息条件后构建系统,从实际出发,在满足社会发展的基础上,寻找出能够促进该行业发展的定制化方案。图书馆智慧信息资源存储系统中四个具有代表性的存储系统方案见表 5-2。

表 5-2　图书馆智慧信息资源存储的四种存储系统方案

容量及要求	图书馆类型	适用的存储系统结构
数字容量小于 10TB 时	一次性投入小的中小型图书馆	NAS 存储系统结构
数字容量大于 10TB 时	数据量不断增长的图书馆	SAN 存储系统结构
数字容量大但并发用户数不太多时	数据量高速增长的图书馆	IPSAN 存储系统结构
数字容量大且并发用户数多时	大型图书馆及信息数据中心	NAS 与 SAN 融合结构

在图书馆建设方面,对于中小型的图书馆建设管理来说,具有的数字资源数量并不多,容量不足 10TB,在建设时期,不会一次性投入太多的资金与资源,因此采用 NAS 存储系统结构进行管理最为合适。该结构具有见效快,结构、发展过程易于管理的优点。当包含的数字资源与补充资金不断增多时,为了提高管理手段,可升级 SAN 架构的存储系

统。对于数字资源高速增长，并有一定访问要求的大中型图书馆来说，一般情况下会采用 IP SAN 存储系统结构进行管理，该结构是在 SAN 存储系统上的升级，能够在一定程度上解决技术局限与应用网络局限。在面对数据存储容量过大、并发用户数多的情况时，可采用 NAS 与 SAN 系统二者融合的方式，让用户体会到更高性能、更有用的系统服务，减少使用成本。

3. 智慧资源搜集与整合系统

通过搜集智慧资源，整合资源信息，可以实现图书馆信息服务系统的智慧化服务，网络资源也能够进行整体融合。智慧资源搜集与整合系统是一种能够将分散无序的网络信息资源运用智能网络技术手段进行系统整合，并完成海量信息搜集任务的有效工具。

4. 智慧集成服务系统

集成系统智能智慧化是智慧信息服务系统重要的构成部分，能够有效整理、分析汇总各种信息，提高图书馆的信息管理质量。智慧集成服务系统以用户需求为核心，选择个性化界面，是一种新型的信息资源搜集和表现形式。这种智慧化系统能够将各种信息服务综合在一个网络平台上，建立一个统一、协同的不同地域的数字化信息资源检索方式。

5. 智慧个性化服务系统

图书馆智慧服务系统能够主动积极为用户提供个性化需求的内容。主要工作是建立智慧信息服务系统与服务对象的沟通基础，通过系统分析用户信息，在资源变化状态下掌握和预知用户的新动议目标，主动为用户提供不同的指定信息，提供有针对性的服务。其本质是达到"信息找用户，按照个性需求服务"的目标，具有较强的主动性、易用性、专业性、安全性、针对性等特点，能够提高图书馆信息服务水平，达到客户满意的效果。

6. 智慧参考咨询系统

智慧参考咨询系统主要运用计算机网络远程服务功能，由咨询工作人员通过互联网远程交互进行交流，发现信息情报方面的问题和梳理解决数字信息服务过程中遇到的困难。

(二)高校图书馆智慧信息服务系统构建模式

1. 图书馆智慧信息服务系统的构建目标

图书馆智慧信息服务系统围绕高效、智能、快捷的服务目标,建设数字信息资源服务系统。这种系统建设项目由稳固的资源保存为基础,技术服务为保障,重点也要关注建设服务规模和质量。若要达到理想的建设目标,需要两手抓:一方面抓有效的网络传输,构建网络平台检索规则;另一方面要适应人们的使用习惯和接受能力。合理配置信息服务系统中的每个关键要素,要找准网络系统技术与人工操作等方面的契合点,充分满足客户不断增长的知识需求和个性化需要。

图书馆智慧信息服务系统体系结构建设应采用网状的管理模式,即用户与系统、资源之间通过服务建立的网状体系结构。该结构以服务为抓手,在系统、资源与用户之间建立起各种各样的服务,使得系统与资源,用户与资源之间进行交互。同时加强了用户与资源,用户与系统之间的了解,使用户可以协助图书馆员参与图书馆的建设,避免系统脱离用户实际需求而形成的盲目开发。

智慧信息服务系统可分为资源层和服务层,先由数字化加工系统将经过加工分析的数据信息传递给智慧存储系统,再由智慧资源收集和整合系统形成智慧服务系统的资源层。服务协作系统、集成系统、个性化服务系统、咨询系统都可以智慧化、智能化,形成服务层。系统与系统之间相互联络,资源层与服务层也互通连接。从技术应用的角度看,用户想要图书馆提供智慧信息服务,只需要对智慧服务系统的服务层进行访问和操作就可以了,当然,从资源层进行处理也可以实现用户需求。系统馆员可以对智慧信息服务系统不同分支、不同组成部分、不同层次地进行操作和统一管理。

3. 图书馆智慧信息服务系统构建模式分析

一个完善的图书馆的智慧信息服务系统需要包括智慧服务系统的各个要件、构造,资源层和服务层交互使用顺畅,各环节系统可由馆员单独进行操作,从而为用户提供数字化信息提取、整合、集成,虚拟化咨询等各种便捷服务。

健全和完善的智慧信息服务系统需要把握较高的整体性,注重将智慧信息服务所有环节、构成要素进行无缝对接和紧密联系。

智慧信息服务系统的资源层在上文已经提到。经过加工、系统搜集、整合、存储等各个环节，在资源层中，本地一些非电子数据，都要经过加工处理形成数字化资源，录入平台进行存储。然后智慧资源搜集和整合系统处理的网络资源连同各高校成批量购买的数字资源库形成本地数字资源，智能存储起来。

与此同时，智慧参考咨询系统与整合系统，资源收集系统一起为用户提供信息服务的时候，会自动记录下日志，使用时间，目录，预测其他需求等大数据。而且用户在使用中遇到系统无法自动解决时，可以让系统管理员通过智慧协作，向其他有资源的馆藏求助。通过帮助代查代检，将所需文献资料传递给用户。当遇到非数字化资源时，可以通过智慧信息服务系统将其转变为数字化方式，进行资料数据加工，通过整合、存储加以应用，方便图书馆资源循环使用，最大限度地实现资源共享。

第六章 智慧图书馆服务平台构建

　　智慧图书馆以提供泛在智慧服务为主，是继数字图书馆、复合图书馆后图书馆发展的一个更高级的形态。它依托传感器、云计算等技术，实现图书流、人员流、物流和信息流的充分流动，保证书、人、书人的互通互联，以用户为中心，提供全方位的泛在智慧服务。作为信息资源管理中心的图书馆，有着充分的资源优势，在应用智慧化技术的基础上，实现图书馆的智慧服务。

第一节 智慧服务平台

一、下一代图书馆管理系统

下一代图书馆管理系统是为了解决图书馆数据共享和全媒体资源管理等问题而提出的，并不是指单一的智慧管理平台。国外比较知名的下一代图书馆管理系统有 Alma、FOLIO、WMS、Sierra 等。国内也有些图书馆独立开发或与外部机构联合开发下一代图书馆管理系统，如深圳大学图书馆的 CLSP 系统、南京大学与外部机构联合开发的 NLSP 系统。在资源管理上，NLSP 系统用全球知识库代替分布分散的本地资源库，用云服务部署系统，通过 API 整合多种服务，以帮助读者快速找到所需的资源。

（一）图书馆系统架构对比分析

智慧图书馆的 NLSP 系统与传统图书馆系统相比具有很大的优势。

第一，NLSP 系统采取的是微服务架构，而不是传统的 C/S 架构，也不是 B/S 单体架构，其能够同时服务不同角色的用户。

第二，NLSP 系统提供基于 Sleuth 日志分析服务，通过日志分析有助于读者数据分析，而传统图书馆系统是没有日志分析功能的。

第三，NLSP 系统采取多级缓存技术，避免了传统图书馆系统的并发瓶颈，让读者能够流畅使用系统。

第四，NLSP 系统不需要用户进行系统维护，而传统图书馆系统维护要求用户具备一定的技术能力；NLSP 系统在这方面更简单便捷，无须用户进行操作升级，系统会自行更新，而传统图书馆系统更新需要重新安装系统，从而影响读者使用系统。

第五，NLSP 系统相对稳定，安全级别达到了金融安全，而传统图书馆系统不稳定，也不安全，存在较大的运行隐患。

第六，NLSP 系统采取云部署的订阅模式，无须安装．更新和升级，即可进行使用。

第七，NLSP 系统与传统图书馆系统相比更为智能，拥有人脸识别、智能采选、自动收割等功能。

（二）服务对象扩大化

在传统图书馆服务中，读者是图书馆服务的唯一对象。但在 NLSP 下一代图书馆管理系统中，其服务对象则不限于读者，还包括其他图书馆、资源商、第三方服务平台等。面向读者，NLSP 系统可利用大数据、云计算、物联网、人工智能等多种技术为读者提供区域借阅、文献传递及各种教育休闲服务等；面向图书馆，NLSP 系统可为全国的各类型图书馆提供多租户的订阅型服务；面向资源商，NLSP 系统可为书商、电子资源供应商及出版社等提供集采、数据分析服务等；面向第三方服务平台，NLSP 系统可为其提供开放的开发者平台，可进行沙箱测试，并提供可订阅的应用商城服务等。

二、学科服务系统

学科服务系统是智慧图书馆专门为高校重点学科推出的有针对性的一整套服务内容，不同学校的学科服务系统内容有所不同。学科服务平台是为学科馆员与学科用户之间沟通学习以及进行学科信息资源交流而搭建的虚拟场所。它在学科馆员和学科用户之间起到连接作用，学科用户和学科馆员能够利用这以平台进行交流和沟通。它是学科服务系统的外部体现，是进行学科服务的基地和场所，也是图书馆进行学科服务的综合信息服务平台。学科馆员利用图书馆本体、文献资源等现有物理设施建立学科服务实体场所，利用网络技术和先进的信息技术建立虚拟网络学术平台，为学科用户提供更全面的学科信息资源服务。与此同时，学科用户可以运用学科服务平台进行信息资源的检索与提取，并与他人或学科馆员进行互动交流，全方位的体验图书馆学科信息资源服务。学科服务平台的构建与完善，能够有效地将学科服务渗透到学科用户的信息获取、利用、交流学习的物理空间与虚拟空间，保证学科服务的全面性与高效性，提高学科服务的品质。

学科服务平台是一个综合性平台，它既能够展示图书馆馆藏资源，又能够实时链接学科导航资源；它既是学科资源组织管理的平台，也是学科信息发布的平台。它整合了图书馆实体文献资源与网络信息资源，既能够为学科用户与学科馆员提供交流沟通的机会，也能够实现知识挖掘、学科知识导航等个性化定制服务。学科服务平台能够对学科用户学术进行需求跟踪，迅速进行知识资源检索与定位，准确高效地供应其需求的专业知识与服务。

对于学科服务对象来说，学科服务平台是一个服务载体；对于学科服务实施主体来说，学科服务平台是工作开展的渠道。学科服务平台的建设、维护和完善必须立足于各图书馆学科的现状，结合相关学科的建设，引进科研团队，辅助科学研究，充分发挥自身特色，在学科服务平台的设计与架构中反映嵌入式、主动式、个性化和增值化服务理念。目前来看，我国图书馆的学科服务平台建设主要包含物理平台建设和虚拟平台建设两个方面。

1. 学科物理平台

学科物理平台是指图书馆为学科用户提供的沟通、学习的实体场所，主要包括实体环境、硬件设施、服务设施和馆藏纸质文献资源等。实体环境中包含多个不同大小、不同功能的服务空间与学习空间，空间的设计主要从学科用户的日常学习行为角度出发，在氛围的营造上采取视觉艺术、声学艺术与色彩艺术相结合的方式，为学科用户提供舒适的学习与研究环境。在保证环境功能不被影响的前提下，可以将多个区域的服务进行交叉，更加便于学科用户之间的相互交流与学习。学科服务物理平台有其特定的组成部分和资源配置，主要包括资源服务区、学科咨询台、独立研究室、数字化工作室、休闲区等。

2. 学科服务虚拟平台

在网络信息化时代，学科服务虚拟平台在学科用户的学习与交流中具有重要的作用，它为学科用户提供了在线共享信息知识资源提供了虚拟化场所，使知识的获取更加智能化和高效化。学科服务虚拟平台是互联网新技术运用基础上的一个交互式的开放服务平台，其在提供服务的过程中强调交互性、参与性与共享性，提出学科用户不仅是信息资源的利用者，更是信息资源的生产者与传递者。学科服务虚拟平台是一个动态化的信息资源空间，它的内容资源在不断扩充和更新，这就要求学科馆员妥善地对这一虚拟平台进行维护与管理，关注社会与学术界的新知识、新动态,不断增添新的知识服务项目以满足学科用户不断变化的需求,为学科服务建设提供有力支持。

三、物联网蓝牙服务系统

在室外能够通过北斗和GPS进行精准定位,但图书馆服务以室内服务为主,在室内无法通过卫星进行精准定位。智慧图书馆可通过物联网蓝牙服务系统来确定物体在图书馆内的具体位置。目前室内定位技术除通信网络的蜂窝定位技术外,常见的室内无线定位技术还有Wi-Fi、蓝牙、红外线、超宽带、RFID、ZigBee和超声波,其中Wi-Fi技术和蓝牙技术在智慧图书馆定位中应用较多。

(一)Wi-Fi技术

Wi-Fi是一种无线网络技术,允许计算机(笔记本电脑和台式机)、移动设备(智能手机和可穿戴设备)和其他设备(打印机和摄像机)等与互联网连接。它允许这些设备之间相互交换信息,创建一个网络。Wi-Fi一般有四种部署方式:思科移动快捷方式、集中部署、融合部署和基于云的部署。智慧图书馆一般采取的是Wi-Fi集中部署方式。

通过Wi-Fi部署,可实现室内复杂环境中的定位,监测和追踪,它以网络节点(无线接入点)的位置信息为基础和前提,采用经验测试和信号传播模型相结合的方式,对已接入的移动设备进行位置定位,最高精确度为1~20米。Wi-Fi定位要参照周边Wi-Fi的信号强度,而不能仅根据联网的Wi-Fi接入点,否则会导致定位误差。所以智慧图书馆在Wi-Fi部署时往往要布置较多的Wi-Fi设备,以提升定位的准确度,降低其他信号对Wi-Fi设备的干扰。

(二)蓝牙技术

蓝牙通信是一种短距离、低功耗的无线传输技术,在室内安装适当的蓝牙局域网接入点后,将网络配置成基于多用户的基础网络连接模式,并保证蓝牙局域网接入点始终是该微网络的主设备,这样通过检测信号强度就可以获得用户的位置信息。

与其他无线技术不同,蓝牙技术旨在支持两个设备之间非常可靠的数据传输,为开发人员制订出最能满足其目标用户需求的无线解决方案提供了极大的灵活性。有几个关键因素会影响可靠蓝牙连接的有效范围,即无线电频谱、物理层、接收器灵敏度、发射功率、天线增益、路径损耗等。

无线电频谱从 30Hz 延伸到 300GHz,频率越低,范围越大。但是,频率越低,它可以支持的数据速率就越低。因此,选择无线电频谱需要在范围和数据速率之间进行权衡。

物理层定义了用于通过特定射频(RF)频段发送数据的调制方案和其他技术,这包括可用信道的数量及其利用效率、纠错的使用、防止干扰的措施等。如果将 RF 通信与口头通信进行比较,可以理解为物理层定义了讲话的速度和清晰度。两者都会影响听到的范围。

接收器灵敏度是接收器可以接收的最小信号强度的度量。换句话说,它是接收器可以检测到无线电信号,保持连接并仍然解调数据的最低功率电平。接收器灵敏度可看作衡量能听到的声音或能听到和理解的最安静声音的度量。选择发射功率电平是范围和功耗之间的设计权衡。发射功率越高,越有可能在更远的距离和有效范围内听到信号。但是,增加发射功率会增加设备的功耗。

天线将来自发射器的电能转换为电磁能(或无线电波),反之亦然。天线位置、封装尺寸和设计会极大地影响信号传输和接收的效率,天线的类型、尺寸以及它们将电能转换为电磁能和聚焦能量方向的效率可能会有很大差异。

路径损耗是无线电波在空气中传播时所发生的信号强度降低现象。路径损耗或路径衰减随距离自然发生,并受信号传输环境的影响。发射器和接收器之间的障碍物会使信号恶化。衰减器可以是任何东西,从湿润的空气和雨水到墙壁、窗户和其他由玻璃、木材、金属或混凝土制成的障碍物,包括反射和散射无线电波的金属塔或面板都可以成为衰减器。虽然无线电波可以穿过物体,但衰减量和有效路径损耗因障碍物的类型和密度而异。试想,当尝试听到隔壁房间的声音时,如果将混凝土的墙壁改为木板,那二者可以听到的音量和清晰度是有差异的。

与其他定位技术相比,蓝牙技术稳定性偏差,受各种因素干扰的可能性大,所以在智慧图书馆中一般在单层大厅或仓库内进行部署。读者只要将设备的蓝牙功能打开,物联网蓝牙服务系统就可对其位置进行判断。

第二节　不同类型的智慧服务平台架构

一、智慧微服务模式

据中国互联网络信息中心于 2021 年 8 月 27 日发布的第 48 次《中国互联网络发展状况统计报告》，我国网民规模已达到 10.11 亿，互联网普及率达 71.6%。其中我国 99.6% 的网民使用移动手机上网。除了手机上网，还有 25.6%、34.6%、30.8%、24.9% 的网民分别通过电视、台式电脑、笔记本电脑和平板电脑上网，可见智能手机是我国网民最常用的上网设备。社交产品在不断更新，而社交平台也在不断地发挥其公益效能。智慧图书馆在这样的大环境下，通过搭建微服务平台，定能加速扩大其传播范围。

（一）智慧微服务的概念

图书馆微服务是指智慧图书馆通过 App 及微信公众号等多种社交媒体，为读者提供图文信息，让读者享受便捷的个性化服务，是一种"随时、随地、随身"的动态化、多样化、个性化的服务。在定义中没有提到通过 PC 端、智能端提供服务，智慧微服务更多的是通过智能移动终端进行信息传递，通过新媒体渠道进行展示的。

随着移动互联网的发展，图书馆服务正在向微信、短视频、App 客户端转移。虽然现在仍然有不少图书馆使用微博，但随着短视频的快速发展，我国图书馆提供短视频服务的将越来越多。图书馆微服务可以通过微信公众号、短视频平台以及 App 客户端等移动端为读者展示服务流程、服务内容、开展各项读者活动等。时代发展驱动着图书馆进行数字服务转型，转型又丰富了图书馆的服务内涵。读者也可通过这些平台与图书馆加强互动，以提升与智慧馆员的互动效率。直播也是图书馆微服务中的一种，能让读者不限地域空间及时地参与图书馆活动。

智慧微服务与传统图书馆微服务相比是一种更为智能化的服务，能与读者进行互动，从而将相关信息传递给读者。如在智慧微服务下，除了提供传统图书馆微服务外,智慧图书馆强调的是借助新一代信息技术所提供的智能服务,即通过图书馆内部智慧平台与读者进行沟通,与馆员进行协作,从而进行大数据分析,以及提供个性化服务等。在这样的智慧微服务下,读者的个性化需求得到了满足,读者作为参与者得到了应有的尊重,同时享受到更智能、及时的服务等。

(二)智慧微服务的研究现状

1. 国外研究现状

利用 CRFID 和 RNN 深度学习网络对智慧图书馆的智能化搜索服务进行研究,探索读者在阅读过程中的阅读行为,从而识别出图书需求程度,并为图书采购提供一定的参考。读者的图书阅读时长、翻阅次数等数据,对图书采购具有一定的参考作用。图书馆可通过 Facebook、Twitter 等平台开展微服务;图书馆微服务所使用的媒体、所提供的具体服务,以及读者的反馈机制等,为科研工作者设计了新媒体服务,并在高校中使用;为图书馆微服务设计了个性化服务推送系统。可见,国外有关图书馆智慧微服务的研究不多,主要是从个性化服务方面进行研究的,且国外图书馆微服务主要通过 Facebook、Twitter 等平台进行。

2. 国内研究现状

国内智慧图书馆建设比国外晚,同时国内经济与技术水平相对落后等因素造成的。国内对智慧图书馆微服务的研究主要集中于"三微一端"(微博、微信、微视频、App 客户端),即探索国内图书馆如何借助这些平台进行微服务。整体而言,国内图书馆微服务的发展速度快,但各图书馆的服务水平差异大。在微信刚推出没多久,对高校图书馆的微信服务进行调研时,发现当时开通微信服务的高校图书馆存在比例低、服务内容单一、栏目设置少等问题。对新生事物,人们总要有一个接受的过程,故在早期较少有高校图书馆开展微信服务是可以理解的。在微博微服务方面,高校图书馆主要借助该平台进行新闻、资源发布,存在与读者的互动不足等问题,建议制定图书馆微博管理制度。

国内图书馆微服务集中于研究图书馆借助"三微一端"提供的移动服务,主要调研各平台中图书馆服务的现状、存在的问题与解决对策等。随着时代的发展,有些平台可能会受到冷落,有些则会越来越受重

第六章　智慧图书馆服务平台构建

视,所以微服务的平台并不是一成不变的。这些图书馆微服务的智慧性并没有得到较多体现。

(三)智慧微服务模式内容

目前不少图书馆通过微信公众号、小程序、支付宝生活号等平台为读者提供智慧微服务。读者通过互联网接入平台后,需要绑定个人账户,之后就可享受各种类型的微服务。

1. 选座服务

座位在高校图书馆中是一种稀缺资源,寻找座位是读者所面临的一个常见性难题。为了帮助读者更好地选座,有些高校专门开通了选座的小程序。中国地质大学(北京)图书馆开发了自习座位预约小程序,仅限于海洋楼一楼自习室的座位。该校学生用这个小程序进行身份认证之后可选择预约日期、具体座位等。通过读者的手机定位,图书馆可根据读者所在的位置,以及在座位的时间来验证该读者是否存在违约行为,当违约次数达到一定数量时其将被拉入黑名单,一段时间内该读者不得进行选座。为了解决高校图书馆座位难的问题,高学图书馆还为读者提供了在线自习室服务,读者可在网络上进行自习,这为读者营造了良好的网络自习环境。

2. 个人账户

读者必须绑定个人账户,才能使用图书馆提供的各种微服务。图书馆通过个人账户绑定来确认该用户是否为本馆的读者,若是本馆的读者,则提供相应的服务。个人账户包含读者的身份信息、图书借阅记录、参与图书馆活动情况等。只有移动服务端的个人账户与图书馆系统数据库中的个人账户进行实时对接,才能确保读者通过移动端享受图书馆的各种服务。一般来说,图书馆可通过绑定读者个人账户来提供常见服务,如借阅记录查询、馆藏查询、文献信息检索、在线活动参与、在线图书预约、续借等服务以及智慧馆员为读者提供个性化信息推送等,从而增强图书馆与读者的互动联系。如浙江省图书馆的公众号可提供图书续借、图书推荐、缴费、新书通报、阅读排行榜、停车缴费、人脸采集、个人账单等服务。

163

3. 互动平台

微博、微信公众号、抖音等是图书馆与读者进行互动的良好平台，可以提升图书馆微服务的质量，提升读者阅读体验。如图书馆在这些平台发布作品、信息之后，不少读者会进行评论。同时，读者可在关注图书馆的公众号后，直接发信息给图书馆，从而实现在线互动。除此之外，图书馆还可举办在线知识竞赛，激发读者的参与感。

4. 移动图书馆朋友圈

智慧图书馆可以仿照微信朋友圈的功能开展移动图书馆朋友圈服务，它是一个由熟人关系构建而成的小众、私密的圈子。读者登录移动图书馆注册账号并绑定微信或手机号码后，就可以添加开通此功能的用户，只要开通朋友圈显示后，即可向朋友展示最近阅读的书目，也可在朋友圈中表达自己的观点，记录自己的学习体会和阅读心得，同时朋友之间还可对阅读的图书进行点评、点赞。读者阅读的时间越长、阅读的书籍越多以及与好友互动的频率越高，获得的等级就越高，阅读的权限就越大。通过移动图书馆朋友圈，读者可以分享阅读的乐趣，了解朋友的阅读动态，增强阅读的互动和交流，有利于图书馆阅读推广工作的开展。

5. 移动图书馆线上课堂

移动图书馆线上课堂是智慧图书馆提供的又一项微服，读者通过线上课堂，可以观看许多由图书馆收集或购买的学习视频，而这些视频并不是无偿提供的，需要读者去观看一定时长的视频来赚取"学习金币"。读者在线学习的时间越长，赚取的金币就越多，观看其他学习视频的权限就越大。线上课堂以"做任务"的方式为读者带来知识的同时，也给读者带来游戏的体验感，能起到较好的激励作用。

6. 图书馆联盟

资源不全是图书馆普遍存在的问题，通过组建联盟能在一定程度上解决这个难题。读者在某个图书馆查询不到的信息资源，联盟或许能满足读者的资源需求。图书馆组建区域性的联盟能够实现某个范围内图书馆之间的资源共享，便于读者获取资源，组团采购既降低了图书馆的

第六章 智慧图书馆服务平台构建

资源引进成本,又促进了本区域智慧图书馆微服务平台的建设。我国目前建立了不少区域性的图书馆联盟,如福建高校图书馆 Fulink 联盟、浙江省公共图书馆信息服务联盟,江西七所高校成立的昌北高校联盟,珠三角、长三角的高校图书馆联盟等。读者可通过微信公众号等平台在图书馆联盟平台进行图书检索,并通过馆际互借进行图书借阅。

二、面向资源建设的图书馆智慧服务模式

公共图书馆依托其丰富的馆藏资源提供形式多样的服务,这种趋势已日趋明显。资源是图书馆的根本,因此高质量的资源建设对图书馆智慧服务工作的开展至关重要。当前国内一些大型的公共图书馆在智慧服务的目标下对馆内资源建设展开实践和探索,如可以从资源建设角度探讨公共图书馆实践领域主要的智慧服务模式及典型案例,主要体现如下。

其一,在资源内容组织方面。公共图书馆对其馆内丰富的数据资源进行分析、重组和建设,除了进行基于元数据中心、规范化数据库等实现资源的自动识别和获取外,还凭借自然语言处理、语音图像识别、机器翻译等对具体知识内容进行智能语意标引、智能摘要、机构库建设等。此外,知识计算引擎还可以实现对知识的自动获取,具备概念识别、实体发现、属性预测、知识演化建模和关系挖掘能力,形成多源、多数据类型、多知识领域的跨媒体知识图谱。

其二,在资源物理分布方面,公共图书馆通过引入机器人技术,将传统的文献入库、上架、定位、取书、清点等工作环节由人工操作改为机器人操作,实现了真正的无人书库。由机器人进行管理,不但效率高,出错率低,而且能对图书馆大数据进行智能分析,科学布局馆藏资源。做到智能分库,实现了书库全流程、全系统范围的自动化管理。

其三,在资源虚拟分布方面,为缓解资源存储利用的软硬件压力,公共图书馆可以借助云计算技术,充分发挥其海量存储、高速计算、安全可靠,便于共享及无限扩展等优势,将馆内大量的信息资源置于云端进行存储。

三、面向读者需求的图书馆智慧服务模式

满足读者需求是智慧图书馆建设的出发点与归宿,也是图书馆智慧服务的目标,所以智慧服务应围绕着读者需求进行,以读者为中心。图书馆在原有的个性化服务基础上,通过云计算、大数据等技术获取读者的用户画像,再将其与图书馆的资源、业务与流程等相结合,从而为读者提供基于其阅读偏好、需求等具体特征的个性化服务,让读者享受到高质量的情感感知与资源定制化服务。智慧图书馆的智慧化关键在于让读者能够更便捷地使用图书馆的各种服务,同时感受到更为优质高效的服务,而不应仅仅是让图书馆更好地管理资源与读者。故在以读者需求为导向的智慧服务建设中,应将读者服务模式由传统的借阅服务模式向以读者为中心进行转变,从而使读者服务能够更主动、更智慧、更个性化,具体包括泛在智慧服务、个性化推荐服务和主动微服务等。

(一)泛在智慧服务

泛在的英文名为"Ubiquitous",具有经常遇到、广泛存在及无处不在等意思。泛在被使用最多的含义为不管任何时间、任何地点与任何方式都存在。图书馆泛在服务是指读者在任何时间,任何地点都可获取自己所需要的服务方式。在网络信息高速发展的情况下,读者由原始、简单地从图书馆发现信息向满足自身个性化需求的方向转变。图书馆也应转变服务方式,提供的服务应由传统的知识服务向借助云计算、物联网等新一代信息技术所形成的以智慧服务网络为基础的泛在服务转变。

(二)个性化推荐服务

个性化推荐服务是图书馆为每个读者量身定制的知识服务,是一种有针对性的服务。具体而言,图书馆依据读者的专业、知识结构、阅读习惯、浏览及检索记录、个人背景信息等,再根据馆藏资源为其提供个性化信息与知识推荐等服务。智慧图书馆依托大数据技术、云计算服务等能快速获取读者的兴趣爱好,从而给读者推送信息,将图书馆知识服务由被动转为主动,并为读者提供更为贴心的服务。

（三）主动微服务

"微服务"最早于2014年提出。微服务具有服务拆分更细致、服务模块能够独立部署与维护，服务模块治理能力强等特点，符合当下移动服务的共性。智慧微服务与传统的"大""全"等理念相反，能对读者感兴趣的、使用较多的功能进行重点服务，这符合当下读者信息需求的随机性特征。

在面向读者需求方面，图书馆在智慧图书馆建设中强调"读者至上"的服务理念，具体有三项措施值得借鉴：一是与重庆市民信息数据库对接，完善图书馆读者信息，以此为个性化服务的基础数据，通过用户画像主动推送信息；二是提供基于互联网的O2O在线借阅服务，推出在线借阅与信用借阅等服务，无须押金即可借阅；三是根据馆内读者的活动轨迹进行个性化服务推荐，打造智慧图书馆内的智慧感知系统服务。

五、面向空间再造的图书馆智慧服务模式

20世纪70年代出现了"第三空间"的概念，认为居住场所为"第一空间"，工作场所为"第二空间"，其他的为"第三空间"。一般而言，"第三空间"更为强调其社交作用，具备高度包容、超时间开放，提供心灵上的抚慰的属性。图书馆作为"第三空间"的重要组成部分，应能加强读者与智慧图书馆之间的情感交流，提供心灵上的抚慰与支持，所以智慧图书馆在馆舍布局与服务提供方面要考虑为读者提供能思考、创新、交流的场所。近年来，国内不少图书馆提供了学习共享空间、创客空间、城市书房、研究型空间等，均体现出图书馆作为"第三空间"为读者提供信息共享与创新的重要功能。

（一）空间再造研究概况

美国图书馆从20世纪90年代就开始了信息共享空间的建设尝试，随后也产生了学习共享空间创客空间等图书馆学习空间。信息共享空间和传统图书馆之间的主要区别是它们容纳读者群体的方式。传统图书馆专注于为个人学习提供安静的空间，偶尔有一些小组自习室可用，但它们被看成图书馆的外围设施。在信息共享空间中，大部分空间被配置为供学生小组使用，反映了学生对协作学习、社交互动与工作相结合

的渴望。信息共享空间通常可以容纳几个人共用一台电脑,也可以提供大桌子供几个学生一起工作时使用他们的笔记本电脑,配备投屏共享软件用以共享屏幕,舒适的座位区配有软垫家具以鼓励非正式会议,有提供食物和饮料的咖啡馆,还有小组学习室,通常带有计算机和屏幕,因此学生可以在信息共享空间内进行便捷的项目讨论,以满足他们的学习、社交和工作需求。

丹佛图书馆于2013年提供创意空间服务,配备了3D打印、缝纫机、电子器件等,为各年龄段读者开展有关音视频制作、电脑培训、艺术创作等方面的拓展活动。费城图书馆于2015年创立了面向儿童及青少年的"创客乔恩"服务,指导他们制作视频、制作机器人、制作有声读物及动画等。霍普金斯大学图书馆为读者提供数据可视化管理与分析平台、帮助科研人员管理、组织与分析数据。

综上所述,国外图书馆信息共享空间功能非常丰富,内容多样,强调读者参与,注重读者的动手能力。

(二)空间再造智慧服务模式

1. 提供各种智慧空间体验服务

(1) 3D、4D体验。智慧图书馆提供如3D、4D纪录片体验,3D、4D打印设备以及VR设备体验。全新的室内感官体验不仅能够带给读者立体感官的视听享受,也能够激发读者参与阅读的热情,改变人们的阅读模式。3D打印机内装有金属、陶瓷、塑料、砂等不同的打印材料,打印机与电脑连接,通过电脑控制可以把"打印材料"一层层叠加起来,最终把计算机上的蓝图变成实物。通俗地说,3D打印机是可以"打印"出真实的3D物体的一种设备,如打印出机器人、玩具车、各种模型,甚至是食物等。

(2) 全新的视听体验区。智慧图书馆设有视听体验区,提供影视欣赏、视频和有声读物等视听资源。有声读物日益盛行,顺应时代发展的主流趋势,迎合广大客户的视觉、听觉需求,能将流行、新颖、丰富、经典的有声读物通过完美的音质传递到用户的耳朵,真正实现了解放读者的双手,使读者用耳朵去学习,用眼睛去看,去享受生活。颠覆传统的学习模式,给予读者一个全新的学习平台和完美的用户体验。

(3) 书法体验馆。书法体验互动设备采用多点触控的大尺寸电容屏,突破了传统的书法体验;采用电子毛笔或手指来实现书法练习,同时对毛笔书法的起笔、收笔、顿笔、提笔等进行自动统计、评分与教学,搭配水写字帖,通过毛笔蘸清水在特制的字帖上进行真实的书法练习,书法体验与宣纸书法体验一致。等水迹干后,字帖可重复利用。书法体验馆能为读者提供书法练习与实战相结合的全方位书法教学体验。

(4)舞蹈教学体验馆。舞蹈教学体验馆利用AR技术使读者体验舞蹈教学。读者打开软件,摄像机会把捕捉到的影像显示到大屏幕上;利用体感设备,读者可以选择想要学习的舞蹈种类;选择舞蹈后,软件将预先录制好的教学动作展示出来,读者通过软件跟着"老师"学习不同的舞蹈。

(5)虚拟拍照体验馆。虚拟拍照是利用绿背景抠像和影像合成技术实现的。只要在背景下,用视频捕捉设备捕捉参与者的影像,计算机系统即可进行实时的抠像处理,并通过图形分析系统把参与者的影像精准地交融到虚拟的场景中。读者伸出手就可以实现非接触式操控(远距离地操控),不用直接接触屏幕,隔空触摸开始图标,即可进行虚幻的抠像拍照神奇体验。

(6)AR增强现实体验馆。AR技术是一种将真实世界信息和虚拟世界信息"无缝"集成的新技术,是把原本在现实世界的一定时间、空间范围内很难体验到的实体信息(视觉信息、声音、触觉等)通过电脑等科学技术,模拟仿真后再叠加,将虚拟的信息应用到真实世界,被人类感官所感知,从而达到超越现实的感官体验。真实的环境和虚拟的物体实时地叠加到了同一个画面或空间,给人以身临其境的真实体验。

(7)海洋体验馆。海洋体验馆是一款专为3~12岁读者打造的益智体感互动软件,全面运用了成像技术、动画技术、实时扫描、实时模型等高新科学技术,是集文化、美术、教育、益智、娱乐于一体的高科技娱乐学习软件。其独特的数字化设计,让读者在想象的空间里自由创造,在创造的过程中体验成就。用手中的画笔自由涂鸦,完成真实场景立体再现,实现场景互动,让读者能身临其境地与自己笔下活生生的小鱼亲密接触,实现自己童年的海洋梦,在创造中发挥无限潜能。

(8)绘画体验馆。读者绘画的过程是锻炼手眼协调性的过程。所有绘画都在触摸屏上实现,不过度浪费纸张,这款软件还增加了撤销操作、多种笔触、多彩颜色等功能,为读者提供了仿真的绘画空间,并带来了最佳的绘画体验。同时,读者在静态页面的绘画,通过多屏互动技术将以动态的方式展现在大屏幕上,静态的涂鸦作品变成了绘声绘色的动画,交互式的体验瞬间点燃了读者的创作激情,为想象力营造了一个立体的创作空间。

(9)国学体验馆。读者可在触摸屏上选择国学,进入系统后,便可以通过视频与动画来欣赏国学内容,从而了解国学的真实含义。同时,"国学跟我学"系统通过音频收集系统收集声音,然后根据声纹对比,对读者的发音进行评分。读者通过国学学习、国学诵读、国学欣赏三大模块对国学经典进行学习,生动有趣的学习形式对读者有较大的吸引力。

(10)智慧阅读空间。智慧图书馆可根据读者的阅读需求开设主题阅读空间,通过5G与互联网技术在虚拟空间中连接相关设备。读者只需在移动图书馆中设置个人或者小组的阅读需求,智慧阅读空间即会向终端发起资源搜索以及根据读者的需求设置相应的阅读空间,让读者在移动设备的虚拟空间中享受阅读。

2. 提供智慧的、舒适的图书馆环境

温馨舒适的阅览环境是图书馆受读者欢迎的重要因素,令人赏心悦目的服务环境会给读者带来身心的愉悦,让读者有一个好心情,从而有利于提高学习和阅读的效率。智慧图书馆要为读者营造智慧且舒适的环境,首先要强化智慧图书馆的人文环境建设,让读者进馆后有宾至如归的感受,从而融入图书馆的各种学习场景。其次,要注重打造读者在利用图书馆过程中的各种细节,包括处处设置温馨提示,让读者在使用图书馆过程中熟悉图书馆的各项服务和规则,如在座位预约App里设置震动提示以提醒久坐者起身放松休息,显示座位使用的剩余时间,继续使用需再次预约等;将开馆、闭馆广播设为动听的轻音乐;在相对独立且离书库较远的区域设置休闲咖啡书吧,为读者提供社交空间和饮品服务;在走廊、过道、空闲区域放置绿植或装饰物,用世界名画、书法或国画点缀装饰墙面,既能让读者放松心情又能给读者带来艺术的熏陶。再次,注重虚拟空间的再造,以符合人们日常的使用习惯为准则,让读者在虚拟平台上能与智能机器人实现无障碍且亲切的交流,交互界面更加友好,使读者接收自动语音提醒和推送信息更加顺畅。

3. 开发高校图书馆融合空间的特色服务

在智慧环境下,高校图书馆应秉持"泛在图书馆"的意识,将图书馆空间服务从自身实体建筑向多种空间延伸,充分挖掘和利用校园的空间资源,开发融合空间的特色服务,如在学生聚集的教学楼、食堂和宿舍开办阅读角,投放朗读亭、自助打印复印机、自助还书机等设备,为读者提供便利,使图书馆的资源渗透到校园的每个角落,让读者足不出户就能感受到图书馆无所不在的贴心服务,从而突显图书馆"智慧与服务"的精神价值。高校图书馆通过这些融合空间的特色化服务,不仅满足读者基础的信息需求,还提升了读者对创新空间的体验感,同时在空间再造中引入新技术和智能设备,又会使空间服务价值得以充分实现。

高校图书馆具有丰富的信息资源,其传统的服务方式在年轻的大学生看来略显枯燥和单调。在智慧环境下,服务内容和方式变得多元化,通过空间再造和创新服务方式,图书馆不仅能提供纸质资源服务,还能为读者提供专门的影音欣赏空间,让读者畅享音乐、电影等多媒体资源带来的乐趣。起到调节心情、缓解学习压力的作用。

此外,特色服务是高校图书馆彰显高校魅力的重要形式,如暨南大学图书馆设立世界华侨华人文献馆,收集了一大批侨批(海外华侨写给家乡亲人附带汇款功能的家书)、华侨家书、华侨出入境证照、身份证明、契约、票据与华侨用品等一批近现代涉侨民间文献与实物,展览馆采用现代博物馆图片展示、场景模拟、文献及实物展柜、多媒体展示、微信移动导览等新型展示手段,增强展示的立体感、互动性与体验性,向读者多维呈现华侨华人的移民史、创业史、贡献史以及中外人文交流史,这成为暨南大学独具特色的人文风景。高校图书馆要结合高校自身特色,打造创新创意空间,充分利用空间资源开展特色服务,进而展示图书馆的创造力与协调力。

4. 虚拟空间服务

三维虚拟图书馆以直观、立体的方式把馆内的布局、入馆须知、门禁,馆藏纸质及电子资源、自习室管理等图书馆所有模块通过互联网呈现在读者面前,使读者的感知体验及记忆效果得到加强,有身临其境的感觉。在虚拟图书馆中,系统不仅可以根据图书馆自身特点配备语音导航,还可以导入文字、图片和视频。读者在漫游的过程中通过语音介绍、文字与图片浏览,视频欣赏可以全面了解图书馆的历史、资源、功能及规章制度等信息。虚拟图书馆支持多人在线互动、智能问答、图书荐购、虚拟课堂、座位预约、自助打印等多种功能。读者使用虚拟图书馆登录手机版或者电脑版客户端,点击所需服务指令即可享受不一样的体验。天津图书馆于2018年推出了相关的体验,在网络上推出"网络书香过大年"活动,其中有贺新春的虚拟现实体验活动。读者戴上VR设备,可在虚拟场景中感受与众不同的庆新春、金秋明月的优秀中华历史文化故事,甚至还能与虚拟场景中的人物进行交流互动。

5. 创建开放融合、一体化架构的图书馆创客空间新模式

随着互联网技术,物联网技术的发展,智慧图书馆可对书籍进行密集化保管,从而腾出更多空间提供创新性服务,因此智慧图书馆的空间再利用被广泛议论。由于大众创业以及国外图书馆创客空间服务的影响,创客空间建设被我国不少图书馆所青睐。随着创客文化的兴起,以及我国政府倡导民众创业,民众对创客空间和相应的指导等辅助服务的需求日益增强。创客空间并不是单纯地为用户提供一个空的场地,而是提供相应的技术元素,以及提供配套的项目孵化,财务指导等服务,强调创新发展。创客空间与图书馆的5A发展目标完全一致,故图书馆提供创新性服务是完全可行且必要的。

一般来说,创客空间具有开放融合与一体化架构两个特点。在开放融合方面,智慧图书馆建设虽然具有开放融合的特点,但技术和理念与创客空间服务的"互联网 -"战略有一定的差距,这在一定程度上限制了图书馆空间改造的发展。但创客空间在实践中打破了体制壁垒,解决了服务定向等问题,为智慧图书馆空间改造提供了一条新的发展途径。在一体化架构方面,创客空间与图书馆在建设中实现了服务融合、资源融合、空间融合,增强了智慧图书馆服务的系统性,更好地为读者提供了以人为本的服务,实现了以创新、创意为主导,以互联网等信息技术为依托,打造出了技术研发、信息交流、知识共享、学习交流、体验休闲等为一体的构建模式,这成为智慧图书馆建设的一项新服务。

六、面向人工智能的图书馆智慧服务模式

目前国内非常流行"互联网+",实际上,在图书馆智慧服务模式中也很流行"人工智能+",如"人工智能+资源"服务、"人工智能+空间"服务、"人工智能+人"服务等。

第六章 智慧图书馆服务平台构建

（一）"人工智能 + 资源"服务

"人工智能 + 资源"服务是指人工智能技术在图书馆资源中的赋能，将图书馆由传统的资源管理者向知识生产者转变，可为图书馆中的结构化数据、非结构化数据的资源赋予新的解释，从而在馆藏资源的知识服务与发行中发挥重要的作用，为读者构建统一的网络检索接口。在人工智能技术的加持下，图书馆可为读者提供更深层次的分析与知识服务。如读者在数据库中进行查询时，人工智能可获取读者的背景资料，再加上读者搜索的过程与相关事实，能够快速匹配到读者最需要的信息，以最快的速度为读者提供个性化知识服务。

（二）"人工智能 + 空间"服务

"人工智能 + 空间"服务是指人工智能在图书馆空间管理中的应用，通过在传统图书馆中使用 VR 与 AR 技术，为图书馆建立仿真系统，为读者提供虚拟场景与真实场景之间的互动。具体而言，读者通过使用各种 VR 与 AR 设备，拥有全方面、多样化、全感知的沉浸式体验。"人工智能 + 空间"服务在很大程度上延伸了图书馆的服务广度，使得图书馆服务不再局限于传统的实体建筑，可使读者通过 VR 与 AR 感知更为广泛的虚拟空间服务，获得更为全面的知识信息，从而为读者营造更为逼真的泛在学习环境。目前国内不少图书馆已经在创客空间、共享空间等空间改造中应用了 AR 与 VR 技术，从而将传统意义的馆舍打造成融合的智能阅读空间。

（三）"人工智能 + 人"服务

"人工智能 + 人"服务是指人工智能应用到人的管理中的服务，具体而言是指人工智能如何更好地为读者服务。智慧图书馆的出发点与归宿都是如何更好地为读者服务，读者在智慧管理中起着主导作用。在人工智能技术的加持下，各种机器人在一定程度上是馆员的数字替身，能够承担部分馆员的工作。但这些工作一般而言都是重复性、高频率的工作，而投入较高脑力的学科服务、嵌入式服务依然离不开智慧馆员。故在智慧图书馆中，应提高对图书馆机器人的使用频率，从而为智慧馆员提供更高水平、更专业的服务争取时间。

七、基于服务生态系统的图书馆智慧服务模式

（一）基本研究概况

1957年美国的Donley等首次将生态学原理应用于图书馆领域，提出可以把图书馆作为一个完整的有机生态系统来研究。图书馆在发展与进化过程中会受到许多外部环境因素的影响，包括经济、文化以及信息技术等方面。

（二）基于服务生态系统的图书馆智慧服务模式

1. 统一的读者身份认证保证智慧图书馆服务生态系统的开放性

通常情况下，用户在使用各服务系统时都需要先进行登录认证，如果各系统间缺乏统一的身份认证，会产生不兼容及使用不畅的后果，给读者带来不便。因此，构建统一的读者认证模块，进行读者、各类资源与应用服务的统一管理，实现智慧图书馆的开放性，就显得十分必要。智慧图书馆应先建立包括读者和员工的人事管理系统，所有登录用户都基于此系统进行身份认证，并将各应用服务子系统、各类数据资源管理系统互通互融，打破应用服务之间以及应用服务与资源之间的屏障，实现资源与应用的有效整合。读者在第一次登录成功后，即可获取智慧图书馆各类服务的授权，避免在不同系统间切换登录。统一的读者权限管理既保证了系统的安全性，又方便了读者对各类资源与应用服务的使用。该模块采用标准接口，便于动态扩展成熟的应用模块，实现了智慧图书馆服务生态系统的业务自组和模式自选。

2. 基于元数据的索引便于服务内容的融合与共享

融合与共享是智慧图书馆的重要特征，"本地镜像安装＋云端服务"是智慧图书馆服务生态系统的主要部署方式。本地服务存储适用于读者的使用体验及服务生态系统的元数据索引，有利于本地服务元数据索引与服务内容源数据之间建立联系。云端使用大数据的存储与分析，包含资产元数据、去重与数据清洗处理等功能。为降低对数据库商及各应用服务提供商的各种分散性应用服务的依赖，智慧图书馆可以负责创建面向所有读者的统一资源服务平台，从而形成统一的读者使用体验。另

外,统一身份认证系统基于应用服务接口,有利于该智慧图书馆服务生态内的应用和资源与其他系统或平台的共享。其他应用系统或机构,只要有统一身份认证系统的授权,就可实现与该服务生态系统的资源与服务的共享。

3. 智能化的读者运营与服务

智慧图书馆本地服务系统能对读者的检索历史、借阅图书、在馆时长等行为信息进行记录和保存,通过大数据技术对这些行为信息进行数据分析与挖掘,从而准确分析出读者的关注点及需求,确保图书馆系统的智能精准匹配,同时为读者自动推送其所需的资源与服务,实现智慧图书馆服务的智慧性与主动性。基于大数据、人工智能等技术,图书馆创建的服务平台在保障用户隐私的前提下,其服务生态圈能够自动为每个读者提供需求与服务内容精准匹配的个性化、智慧性服务,全程无须馆员的参与。

八、基于 SoLoMo 的图书馆智慧服务模式

(一) SoLoMo 的概念及特征

2011年2月,美国著名风险投资公司 KPCB(Kleiner Perkins Caufield&Byers)的合伙人 John Doerr 首次提出了 SoLoMo 的概念,他将 Social(社交)、Local(本地化)和 Mobile(移动)三者进行整合,创造性地组成一个新的单词"SoLoMo",其可以看成社交网络(social network service, SNS)与移动应用混搭的产物,是基于地理位置并利用移动设备的一种新型社会化交流网络。由于 SoLoMo 的理念受到年轻人的欢迎,其概念提出后不久就得到了较广泛的关注,它具有以下三个主要特征。

1. 社交

读者会进行社交。读者通常会在图书馆与他人交流,而且随着社交技术的流行,他们之间的联系会愈加紧密。读者现在能够比以往任何时候都更容易、更即时地接收和传输信息,这在一定程度上改变了他们的图书阅读交流方式。

2. 本地化

读者在他们所在的地方进行社交。在我国智慧图书馆中使用基于位置的服务,有助于为读者提供不同物理区域的个性化服务。

3. 移动

当今的读者在很大程度上依赖设备的移动性。智能手机和平板电脑已十分普及。我国读者携带智能手机进入图书馆的比例接近100%。读者越来越喜欢通过智能手机来访问图书馆的App、微信公众号等获取活动开展、图书借阅等信息。图书馆为读者提供的服务移动性越好,越容易受到读者的青睐。

SoLoMo技术用于智慧图书馆建设,既有助于图书馆根据读者在馆内的位置提供个性化信息推荐服务,也能帮助读者快捷、方便地获取图书馆的相关信息,从而在一定程度上改变了图书馆与读者之间的信息传播与利用方式,对提升智慧图书馆的服务水平具有重要的推动作用。

(二)图书馆应用SoLoMo的意义

首先,SoLoMo以移动设备为依托,打破了图书馆在时空上的限制,让图书馆的服务具备时空性的特征,并能随时获取馆藏信息,帮助读者找到所借图书的地理位置和前往路线。其次,SoLoMo可以帮助读者发现具有共同阅读偏好的书友,实现知识分享与交流,让图书馆的服务更加个性化、人性化、社交化,更易于实现泛在的贴心服务,能够真正围绕读者的阅读需求拓展相关服务。再次,SoLoMo将原本分散的一个个知识传播节点联结起来,形成了新的社交网络,使个体知识的传播不断向外扩展,提高了图书馆知识传播能力,提升了图书馆面向读者的知识服务效果。

总的来说,SoLoMo使信息传播方式发生了深刻变化,从根本上改变了人们以往的上网方式、信息获取方式、互动交流方式,也改变了图书馆与读者的互动方式。

(三)融合情境的图书馆个性化服务

SoLoMo在图书馆的应用,让图书馆能够提供情境感知服务,即通过SoLoMo帮助图书馆的各种智能设备感知到读者所在的位置及遇到的问

第六章 智慧图书馆服务平台构建

题等情境,从而及时有效地通过数据处理向读者提供个性化服务。目前较为常见的图书馆融合情境感知服务是识别读者是否入馆,而使用新技术进行情境感知为读者提供个性化服务的较少,相关的研究也较少。我国智慧图书馆建设应以读者需求为导向,为读者提供个性化服务,从而实现高效、精确的信息资源推送。

从技术上来讲,融合情境的感知服务是指在图书馆的各项监控网络及读者数据采集系统的帮助下,图书馆可收集、存储与分析读者在馆内的活动信息,并将其与大数据信息进行整合,从而挖掘出有价值的信息,构建出个性化推荐系统,为读者提供贴心的服务。

融合情境感知服务是智慧图书馆的重要组成部分。智慧图书馆中的"智慧"体现在馆内的资源能够进行互联互通以及服务上。若以读者的身份进入图书馆,需要找市场营销的相关图书,图书馆 App 会收到信息推送,根据最近在图书馆系统中的检索记录,为其推送市场营销的相关书籍。通过点开相应的链接查看书的封面、作者、出版时间、内容简介、借阅情况、馆藏位置及相应的图书评价等,并通过 App 导航到书所在的具体位置。同时,希望图书馆能够推送给附近对该书或相关主题同样感兴趣的读者,能够与他们进行阅读分享,构建图书阅读交流社区等,从而体现出图书馆 SoLoMo 服务的特点和优越性。

动态知识服务体系构建。目前国内对智慧图书馆的建设大多局限于图书馆舍、馆员智慧化,缺少对图书馆内知识服务体系的智慧化构建。尤其是知识服务体系设计与读者不断变化的需求无法匹配。智慧图书馆的动态知识服务体系利用大规模、多模态的数据资源,构建学科知识库、案例知识库、智库知识库等。根据读者的信息获取、信息查询等使用行为,建立读者画像,利用人工智能等方法发现读者兴趣和知识需求的变化,进行智能化的追踪与分析,并根据实时需求为不同组织、不同群体提供主动化、个性化、智能化的精准、动态知识服务。

参考文献

[1]《图书情报工作》杂志社. 智慧城市与智慧图书馆[M]. 北京：海洋出版社, 2018.

[2]《智慧图书馆探索与实践》编委会. 智慧图书馆探索与实践[M]. 北京：国家图书馆出版社, 2021.

[3] 卜冬菊, 王露壮, 沈毅, 等. 云时代的图书馆新理论与新技术[M]. 长春：吉林人民出版社, 2016.

[4] 曹静. 高校智慧图书馆建设与应用研究[M]. 北京：中国商务出版社, 2019.

[5] 曹瑞琴. 高校图书馆学科服务与智慧化建设[M]. 长春：吉林出版集团股份有限公司, 2020.

[6] 陈进, 邓景康, 景祥祜. 图书馆RFID技术及应用[M]. 上海：上海交通大学出版社, 2013.

[7] 陈维. 数字图书馆特色资源共享与服务研究[M]. 杭州：浙江工商大学出版社, 2015.

[8] 程显静. 图书馆建设与发展研究[M]. 北京：华龄出版社, 2018.

[9] 傅春平. 公共图书馆智慧服务的探索与实践[M]. 广州：世界图书出版广东有限公司, 2020.

[10] 李国翠, 郭旗. 图书馆资源建设与管理艺术[M]. 长春：吉林美术出版社, 2019.

[11] 李静霞. 武汉图书馆[M]. 天津：天津大学出版社, 2017.

[12] 李耀华. 创新公共服务空间 湖北省图书馆"智慧型图书馆"模式研究[M]. 北京：国家图书馆出版社, 2017.

[13] 林水秀. 高校图书馆资源建设与管理研究 [M]. 长春：吉林大学出版社，2016.

[14] 刘荻，陈长英，刘勤. 现代图书馆资源管理与推广 [M]. 北京：光明日报出版社，2017.

[15] 马谦. 复合图书馆论纲 [M]. 银川：宁夏人民出版社，2007.

[16] 孟银涛. 泛在环境下高校智慧图书馆研究 [M]. 北京：中国农业大学出版社，2018.

[17] 吴爱芝. 大数据时代高校图书馆智慧化学科服务研究 [M]. 北京：海洋出版社，2018.

[18] 严栋. 智慧图书馆概论 [M]. 大连：辽宁师范大学出版社，2021.

[19] 杨永华. 智慧时代高校图书馆服务创新与发展研究 [M]. 北京：原子能出版社，2020.

[20] 张海波. 智慧图书馆技术及应用 [M]. 石家庄：河北科学技术出版社，2020.

[21] 张鸿涛，徐连明，刘臻，等. 物联网关键技术及系统应用 [M].2版. 北京：机械工业出版社，2017.

[22] 郑辉，赵晓丹. 现代公共图书馆智慧服务平台建构研究 [M]. 长春：吉林人民出版社，2020.

[23] 周娜，戴萍. 高校智慧图书馆知识服务研究 [M]. 北京：中国国际广播出版社，2020.

[24] 赵建光，范晶晶. 物联网技术研究综述 [M]. 长春：东北师范大学出版社，2016.

[25] 王建雄，林昱. 图书馆信息平台的理论基础与技术开发 [M]. 沈阳：沈阳出版社，2018.

[26] 聂增丽，王泽芳. 无线传感网技术 [M]. 成都：西南交通大学出版社，2016.

[27] 金纯，李娅萍，曾伟，等.BLE 低功耗蓝牙技术开发指南 [M]. 北京：国防工业出版社，2016.

[28] 梁宇清. 大数据时代的图书馆管理 [M]. 北京：中国原子能出版社，2018.